Asmaa Bengueddach

Reconfiguration Dynamique des deux Niveaux Caches L1 et L2

AF004656

Asmaa Bengueddach

Reconfiguration Dynamique des deux Niveaux Caches L1 et L2

MPSoC A Architecture Homogène

Presses Académiques Francophones

Imprint
Any brand names and product names mentioned in this book are subject to trademark, brand or patent protection and are trademarks or registered trademarks of their respective holders. The use of brand names, product names, common names, trade names, product descriptions etc. even without a particular marking in this work is in no way to be construed to mean that such names may be regarded as unrestricted in respect of trademark and brand protection legislation and could thus be used by anyone.

Cover image: www.ingimage.com

Publisher:
Presses Académiques Francophones
is a trademark of
International Book Market Service Ltd., member of OmniScriptum Publishing Group
17 Meldrum Street, Beau Bassin 71504, Mauritius

Printed at: see last page
ISBN: 978-3-8416-3450-4

Copyright © Asmaa Bengueddach
Copyright © 2015 International Book Market Service Ltd., member of OmniScriptum Publishing Group
All rights reserved. Beau Bassin 2015

Dédicaces

*Mon **Dieu**, mes remerciements ne sauront jamais égaler Ta bonté et Ta générosité. Dans les moments les plus difficiles, les plus joyeux, chaque nouveau défi, défaites ou encore les moments de doutes, de solitudes, je Te remercie de m'avoir donné force et foi pour poursuivre mon objectif. Aussi grande est ma joie de faire ce travail pour Toi et par Toi.*

*A mes chers **parents***
Qui m'ont soutenu dans les pires moments, m'ont poussé à faire des choix parfois difficiles et pleins de sacrifices mais avec leurs encouragements, j'ai pu trouver sagesse et confiance à prendre des initiatives qui jusque là me paraissaient au dessus de mes limites. Je les ai trouvé la où il fallait et quand il fallait.

*A mes sœurs **Nassima** (la patiente et celle qui possède un cœur grand) et **Aicha** (ma co-équipière de voyage et celle qui apporte joie et vie). Qui m'ont été plus que des sœurs, mes amies intimes durant toute ma vie, elles ont toujours su apporter leurs conseils là ou il fallait et me secouer quant je manquais de ressources.*

*A mon frère **Ayoub** (à l'esprit protecteur)*
Qui n'ayant pas l'âge majeur possède déjà l'âge de la sagesse vu ses points de vue, son assurance et son écoute.

Merci à ma famille Patiente c'est le mot …
Je vous dis La foi se cultive … Le pardon réconcilie

A mes amis de la Ghorba :

***Houda**, sa foi, confiance et expérience … Merci ma sœur.*

***Najah**, sa maturité son organisation et son soutien … Merci.*

***Bouthaina**, derrière sa sensibilité se cache une femme pleine de courage merci pour l'avoir partagé au bon moment.*

***Soumaya** avec qui j'ai pu trouver mon coté enfant par son amitié innocente Merci pour tes sourires*

Sadjia, son optimisme, sa foi et son courage ... Merci.

Omar *qui en m'appelant Oustada et* **Ihsen** *avec Mo3alima pendant ces pauses café et thé. Je vous dis en réalité c'est moi qui ai appris de vous ...Merci.*

A **Mohamed** *qui a su être un ami et conseillé permanent, partagé le bureau ça été un plaisir vu que j'ai partagé une expérience exceptionnelle qui m'a beaucoup aidé dans mon travail ...Merci.*

A **Montassar** *et* **Rachid***, des amis sages et pleins de courage… merci pour vos conseils*

A **Youmna, Zaineb , Sara, David , Yunfei** *(et les cours de français), désolée si j'oublie des noms…*

A ma famille de Paris, mon oncle **Boutaleb** *que j'ai beaucoup apprécié, respecté et appris à connaître, des moments inoubliables partagés avec ma sœur Aicha et mon père. Ces moments ont été mon souffle pendant les 18 mois. A mes cousins* **Wassim** *et les retards à la Gare du nord☺,* **Nanou, Momo,** *et la patiente Tata* **Laloucha***, à mon oncle* **Youcef** *et sa caméra qui rend nos souvenirs immortels et Enfin à la sage* **Chérifa***.*

A mes amis du Bled
Chérifa *qui a su comprendre toujours ma distance, mes absences, dans le bon sens, Toujours sage et compréhensive.*

Au amis du bureau **Amel, Amine** *et* **Wassim** *pour les moments de partage et de vos retours positifs*

A **Houari** *l'agent le plus exceptionnel, toujours avec son sourire et ne se plaignant jamais de nos demandes interminables*

A sa femme **Saida** *qui a avec son assoum ki raki ? Me rendait le sourire même si je le perdais avec les difficultés*

A mes **étudiants** *qui pendant mes enseignements m'apportaient énergie.*
A **Imene** *en particulier excuses mes absences.*
A **Imene** *la technicienne des salles de TP, tu fais preuve de foi et beaucoup de*

patience pour ton travail

*A mes **livres** qui ont su m'apporter bonheur et expérience sans vivre l'expérience réellement mais ont servi à m'ouvrir l'âme avant les yeux*

*A **Ferhat** qui a su faire le juste milieu entre la science en Algérie et en France, toujours avec tes conseils exceptionnels, tu disais : rédiger un livre c'est simple comme se regarder dans un miroir ; il faut lire pour savoir écrire et écrire pour savoir lire".*

*Et de trois mes **grands-parents** paternels sur qui j'ai appris, défis et courage et maternels sur qui j'ai appris sensibilité et bienveillance.*

On dit que les mots que nous écrivons pour nous mêmes sont les plus faciles à écrire et ça été le cas 5 mn on été suffisantes si c'était la même chose pour les chapitres de mon livre ...

Merci à tous ...

Remerciements

Ce travail a été réalisé sous la direction du **Pr. *Bouziane Beldjilali***, dans le cadre du projet de recherche qu'il dirige. Son expérience et ses conseils m'ont été d'un apport très grand pour la réalisation de cet ouvrage. Je le remercie in finement.

Pr. *Smail.Niar* a été pour beaucoup dans l'accomplissement de ce travail, par son expérience dans les systèmes embarqués, il m'a permis d'avancer sûrement. Son accueil au sein du laboratoire LAMIH, où j'ai beaucoup appris pendant ces 18 mois de stage. Aussi je suis très fière de l'avoir eu comme encadreur et je le remercie infiniment pour le soutien qu'il m'a apporté.

Mr le **Pr *Djilali Benhamamouch*** malgré ses nombreuses occupations m'a fait l'honneur d'être présent à ce jury et à le présider, je le remercie in finement.

Comme je remercie vivement les **Pr. *Mouloud Koudil*, Pr. *Pirre Boulet*** et **Dr *Benyamina Abou-ELhassen*** pour l'honneur qu'ils me font à siéger à ce jury et d'examiner le présent travail.

Dr *Benaoumeur Senouci* m'a été d'une aide très précieuse pour l'élaboration de ce travail, je le remercie infiniment.

Je n'oublie pas d'adresser mes chaleureux remerciements aux membres du laboratoire ***LIO*** de l'université d'Oran, **Dr. *Baghdad Atmani*, Pr. *Ghalem Belalem*, Pr. *Karim Bouamrane*, Dr. *Djamila Hamdadou*, Dr. *Noria Taghzout*** et **Pr. *Belabbas Yagoubi***

Enfin, je voudrais remercier *tous ceux qui de près ou de loin* m'ont aidé à réaliser ce travail en particulier *mon père*, *Omar* et *Ihsen* pour leurs lectures.

Table des matières

Dédicaces 1
Remerciements 4
Chapitre 1 9
Motivation et Problématique 9
I. Pourquoi optimiser l'énergie dans un système embarqué ? 10
II. Dissipation de l'énergie à l'intérieur du système embarqué ? 12
III. Motivation 13
IV. Contributions du livre 14
V. Challenges 15
VI. Plan du livre 16

Chapitre 2 18
Contexte et État de l'art 18
I. Introduction 19
II. Concepts clés autour du domaine *RC* 19
II.1 Mémoire cache et hiérarchie mémoire 19
II.2 Organisation du cache 21
II.3. Éléments de la conception du cache 24
II.3.1 La taille du cache 24
II.3.2 Taille de ligne 25
II.3.3 L'associativité 26
II.3.4 Algorithmes de remplacement 26
II.3.6 Nombre de caches 27
III. Architecture de cache reconfigurable 28
VI. Synthèse I 29
V. Techniques de reconfiguration des caches 29
V.1 Classe 1: selon le type d'architecture du SoC 29
V.2 Classe 2 : reconfiguration statique/dynamique 32
V.2.1 Analyse d'application en offline : reconfiguration statique 32
V.2.2 Analyse d'application enligne : reconfiguration dynamique 34
IV. Synthèse II & Conclusion 37

Chapitre 3 39
Modélisation du Problème: Reconfiguration des Caches Multi-niveaux ... 39
I. Introduction 40

II. Description analytique des architectures à caches reconfigurables par intervalle 40
    II.1. Définition 1: Comportement d'un programme embarqué 40
    II.2 Définition 2: Intervalle d'exécution 41
    II.3. Définition 3: Paramètres et configuration des caches 42
    II.4 Définition du problème: reconfiguration des caches par intervalle 43
III. Évaluation des performances par intervalle 45
IV. Conclusion 48

Chapitre 4 49

Exploration des caches multi-niveaux 49

Par intervalle: L'heuristique *ICTT* 49

I. Introduction 50
II. Intégrer un explorateur dans le système multi-cores/multi-caches 50
III. Stratégie d'exploration 51
    III.1 Problème d'espace d'exploration 51
    III.2 Réglage des paramètres selon leurs impacts sur l'énergie 53
    III.3 Réglage des paramètres : l'heuristique *TECH-CYCLES* 53
    III.4 L'heuristique : *ICTT* (Interval Cache Tuning Technique) 56
IV. Intérêt de l'heuristique *ICTT* 59
V. Conclusion 61

Chapitre 5 62

Outils et Implémentation: 62

Multi2Sim/McPAT 62

I. Introduction 63
II. Processus d'évaluation des performances : une vue d'ensemble 63
III. *Multi2Sim*: Modélisation et simulation du modèle d'architecture 65
    III.1 Terminologies 65
    III.2 Architecture Multi-cores/multi-caches basée sur *Multi2Sim* 67
    III.3 Fichier de spécification 67
    III.4 Rapports de statistiques de *Multi2Sim* 69
IV. *Multi2Sim/McPAT* : Intéraction 70
    IV.1. Exemple du processeur *ARM Cortex-A9* 71

    IV.2. Fichier d'entrée pour *McPAT* 72

    IV.3 Scripts de communication entre *Multi2Sim* et *McPAT* 73

    IV.4 Analyse du fichier de sortie Mulit2Sim/McPAT 74

V. Conclusion 75

Chapitre 6 76

Résultats expérimentaux 76

I. Introduction 77
II. Conduite de l'expérimentation 77
III. Etude préliminaire 79
IV. Résultats et analyse de l'heuristique *ICTT* 81
V. Etude comparative entre *ICTT* et la recherche exhaustive (*RE*) 84
VI. Conclusion 85

Chapitre 7 86

Conclusion et perspectives 86

I. Conclusion 87
II. Perspectives 88

Annexe 89

Annexe A 90

Outils de simulation 90

I. Modes de simulation 90
II. Outils de simulation 91

Annexe B 93

Correspondance entre 93

Multi2Sim/McPAT 93

Annexe C 95

Script de communication 95

entre *Multi2Sim/McPAT* 95

Bibliographie 100

Chapitre 1
Motivation et Problématique

« Chaque début d'écriture est un retour à la case départ. Et la case départ, c'est un endroit où l'on se sent très seul. Un endroit où aucun de vos accomplissements passés ne compte. »

-De *Quentin Tarantino*

Sommaire

Chapitre 1 9
Motivation et Problématique 9
I. Pourquoi optimiser l'énergie dans un système embarqué ? 10
II. Dissipation de l'énergie à l'intérieur du système embarqué ? 12
III. Motivation 13
IV. Contributions du livre 14
V. Challenges 15
VI. Plan du livre 16

I. Pourquoi optimiser l'énergie dans un système embarqué ?

Aujourd'hui les applications dans le domaine de l'embarqué mobile sont de plus en plus complexes et nécessitent beaucoup de ressources de calcul. Ce qui implique un fort volume de données à stocker ou à faire transiter d'une unité à une autre [Courtay, 08].

Prenons l'exemple d'un marché très porteur dans le domaine de l'embarqué : les *"Smartphones"*. *Forrester Research* estime le marché des applications pour les Smartphones à environ 29,4 milliards de dollars pour 2015 comme le montre la Figure 1.1 ; un marché 20 fois plus grand, de ce qu'il était en 2010.

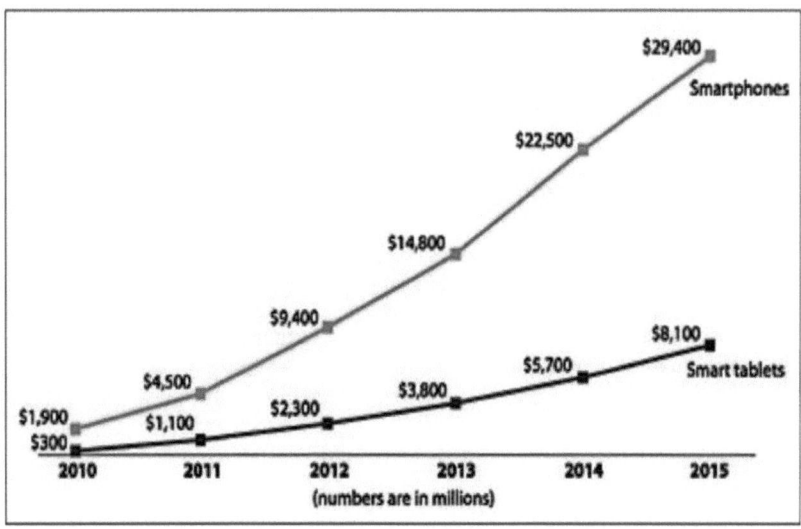

Figure 1.1. Smartphone/ Marché des Applications [3].

Les Smartphones d'aujourd'hui combinent des fonctionnalités proches d'un PC et intègrent la communication vocale, la lecture audio/vidéo, la navigation Web, la messagerie, les téléchargements, et les jeux etc. [Pathak, A. et all, 12].

La figure 1.2 montre les statistiques d'usage des applications *Smartphones* dans le monde au second trimestre de l'année 2013. Selon les données publiées par Global *WebIndex*, *54%* des propriétaires de *Smartphone* utilisent l'application de navigation *"Google Maps"*, la seconde position est occupée par l'application *Facebook* avec *44%* sur le total des propriétaires de *Smartphones*.

Cependant, malgré leur incroyable pénétration dans le marché et l'énorme croissance des applications qui leur sont dédiées ; leur utilisation reste très limitée en raison de la courte durée de vie des batteries [Pathak, A. et all, 12].

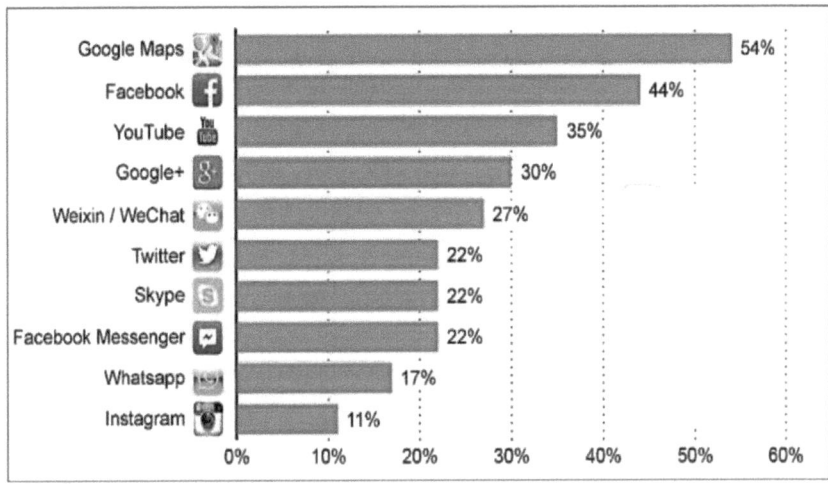

Figure 1.2. Pourcentage mondial d'utilisateurs de Smartphones classés par application [4].

La figure 1.3 montre la répartition de la dissipation d'énergie, pour trois types d'applications populaires en cours d'exécutions dans un *Samsung Galaxy SII*. On constate par exemple pour le jeu « *Angry Birds* » *(figure 3.a)*, l'énergie est estimée à plus de *60 %* qu'est ce qui consomme 60% ? de l'ensemble du système sur puce contre seulement *12 %* consommée par la connexion *WIFI*.

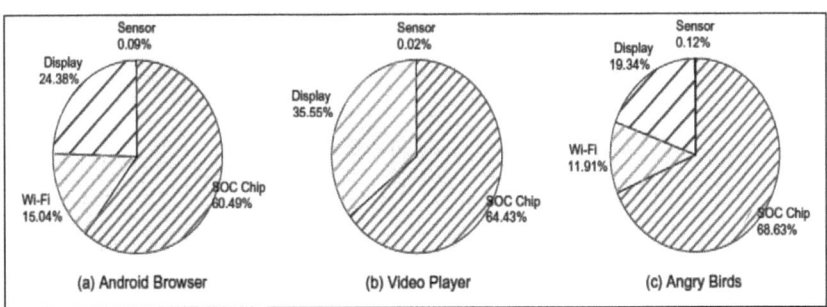

Figure 1.3. La durée de vie de la batterie par application [Duan, L.T. et all, 13]. Dans l'ensemble, on peut observer que les applications étudiées nécessitent

pas moins de 60% d'énergie consommée principalement par les composants matériels du système sur puce. Une consommation qui pourrait décharger la batterie entièrement en quelques heures.

Dans ces conditions, l'optimisation de la consommation d'énergie pour les applications inhérente aux *Smartphones* est d'une importance capitale. Cependant, le quart de millions d'applications développées jusqu'à présent ne prennent pas en compte le besoin de systèmes embarqués à faible consommation énergétique. Le facteur clé pour le développement des applications prenant en compte l'énergie, commence par la bonne compréhension : d'où et comment l'énergie se dissipe à l'intérieur du système embarqué?

II. Dissipation de l'énergie à l'intérieur du système embarqué ?

La figure 1.4 répond à la question, la répartition de la consommation d'énergie pour l'ensemble du système embarqué y est mise en exergue. On peut constater que les quatre principaux contributeurs à la consommation globale d'énergie sont respectivement: le processeur, la hiérarchie de cache, la mémoire principale et le bus sont.

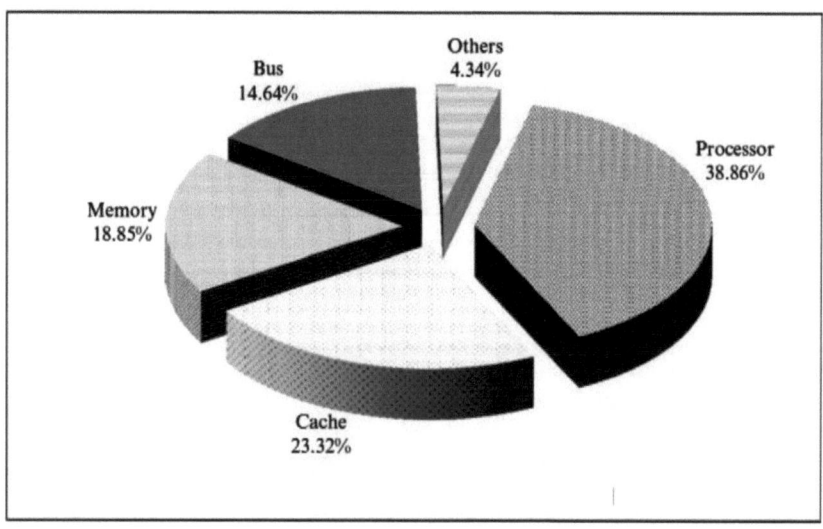

Figure 1.4. Consommation énergétique dans un système embarqué [Wang, W. Et All, 13].

Le processeur est le premier contributeur en raison de son activité intensive sur le circuit. Par ailleurs, [Zang, W., 13] ont montré que la hiérarchie mémoire, notamment le cache, est devenu comparable au processeur en apport à la consommation d'énergie due principalement à l'augmentation en fréquence d'accès. Cette analyse démontre que l'optimisation de la consommation du processeur et de la hiérarchie mémoire présente un défi important.

III. Motivation

Plusieurs paramètres architecturaux du cache influencent les performances du système sur puce [Zhang, C. et all, 03]. Un des paramètres les plus importants est la taille du cache (figure 1.5). En effet, un cache très large implique un nombre réduit d'échecs sur les accès aux caches, cependant augment le coût (prix) du *MPSoC*. Due principalement au fait que le cache va occuper et donc une superficie plus grande de la puce. Par conséquent une surface plus grande implique une forte intégration en transistors ce qui augmente la consommation en puissance statique et dynamique.

Un autre paramètre important est l'associativité du cache. L'associativité détermine combien d'accès simultané (comparaison de clés) peuvent être effectué dans une mémoire cache pour acquérir une donnée. Dans un cache direct, le nombre de comparaisons est réduit à un, puisque chaque ligne mémoire a une ligne de cache qui lui est dédiée. Dans le cas, d'un cache associatif à 2, 4 ou 8 voies, les possibilités de rangement sont nombreuses pour la même donnée. Ainsi, plus on augmente l'associativité d'un cache et plus nous consommons de l'énergie qui est due principalement au nombre d'accès simultané. Cependant les performances sont meilleures du fait que le nombre de succès sur le cache soit élevé.

Un autre paramètre aussi important à étudier que les deux premiers cités, est la taille de la ligne du cache. L'avantage de définir une taille petite pour la ligne, par exemple 16 octets permet de réduire la surcharge sur le bus système par contre augmente en revanche le taux d'échecs sur le cache compte tenu de la petite taille du cache. Dans le cas d'une taille plus large 64 octets par exemple, cela permet un taux élevé de succès sur le cache mais alourdi cependant le trafic sur le bus système.

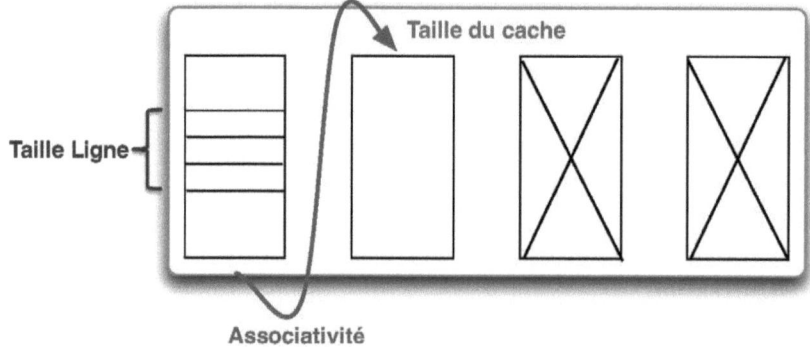

Figure 1.5. Cache reconfigurable.

De là, nous pouvons conclure qu'il n'existe pas une configuration unique qui fonctionne pour un ensemble d'applications. Notre but par ce travail est d'explorer l'ensemble des paramètres du cache pour déterminer la configuration du cache qui répond au mieux aux besoins d'une application en termes de performances et consommation énergétique.

IV. Contributions du livre

Des travaux antérieurs [Gordon-Ross, A.et all, 07], [Huang, C. et all, 08] ont montré que régler un cache configurable pour une application particulière, permet de réduire l'énergie de la hiérarchie mémoire jusqu'à 62 %.

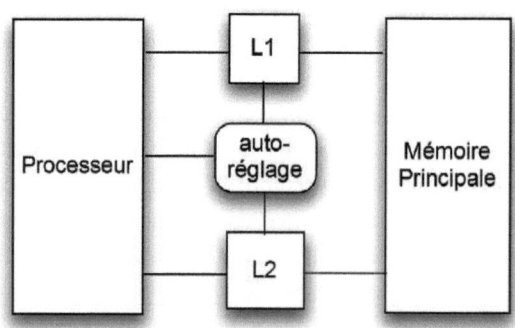

Figure 1.6. Autoréglage des caches.

Le but de cet ouvrage est de doter les caches d'un mécanisme intelligent, qui s'autorégule à la consommation des applications installées comme montrer dans la figure 1.6.

V. Challenges

Nous présenterons dans ce manuscrit, une nouvelle technique d'ajustement des caches dans une architecture embarquée à multiprocesseurs. En revanche, il est difficile de trouver la meilleure configuration de cache pour une application. Nous formulerons certaines difficultés quant à l'application de caches auto-réglables dans ce modèle d'architecture [Bengueddach, A. et all, 13]:

- *Espace de recherche important*, afin de déterminer le meilleur ajustement du cache, il est essentiel de définir l'ensemble de ces valeurs possibles. Une approche simpliste testera toutes les valeurs du cache et dans un ordre arbitraire. Cependant cette technique est limitée dès que le nombre de composants réglables augmente dans un système embarqué, en effet, dans ces cas l'espace de recherche sera énorme. La figure 1.7, montre que si le nombre de valeurs possibles pour le cache du niveau « un » est de 100 multiplié par 100 valeurs pour le cache du niveau « deux », alors on obtiendra un espace pouvant atteindre facilement 10 000 valeurs à parcourir. Ainsi, nous aurons besoin d'une approche qui réduit au maximum le nombre de valeurs examinées.

- *Interdépendances entre les caches,* les deux niveaux de caches sont proportionnels, par exemple augmenter la taille du cache diminue le taux de défauts sur le cache et réduit les accès au cache de niveau supérieur. Dans ce cas le processus d'exploration ne peut être effectué de façon séparée. Et donc, l'algorithme de recherche que nous développerons se doit de définir une structure intelligente pour parcourir les caches de façon optimale.

- *Comportement des applications embarquées,* l'application embarquée passe par des phases et leurs besoins en caches diffèrent. Dès lors, on ne peut avoir une configuration de cache idéale pour toute l'application en termes de consommation d'énergie. Pour plus de précision, la technique d'autoréglage des caches devrait prédéterminer la bonne configuration des caches pour chaque intervalle devient une question difficile à gérer.

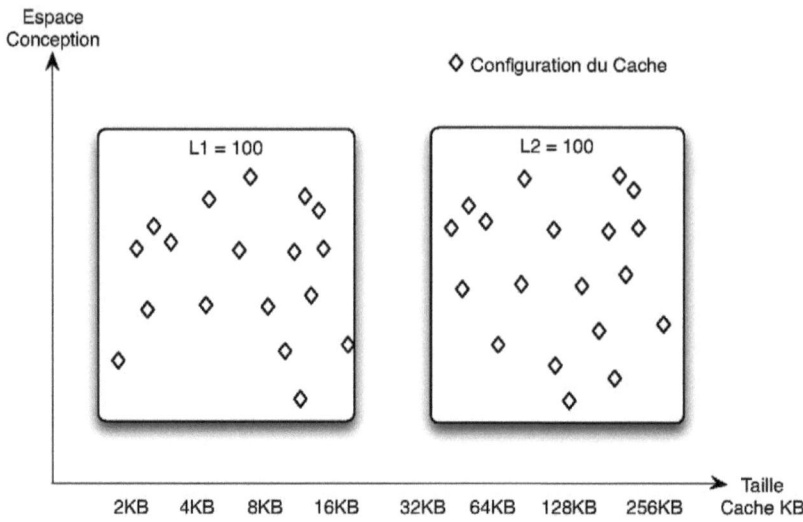

Figure.1.7. Espace de conception (L_1 x L_2).

VI. Plan du livre

Le manuscrit est organisé comme suit (figure 1.8) :
– Le *chapitre 2* présente les concepts de bases et les terminologies liées aux caches configurables nécessaires à la compréhension de la suite de ce livre après qu'un rappel bibliographique ait été rappelé au niveau du chapitre.
– Nous présentons ensuite le modèle analytique du problème de configuration des caches dans le *chapitre 3*.
– Dans un *quatrième chapitre* nous proposons une méthodologie de configuration des caches basée sur la simulation.
– Le *chapitre 5* présente l'implémentation et les outils qui ont été utilisés pour la simulation.
– Le *chapitre 6* décrit les expérimentations et présente quelques résultats. Nous conclurons en soulignant nos contributions majeures. Ainsi que les différentes perspectives envisageables pour la suite de ce travail.

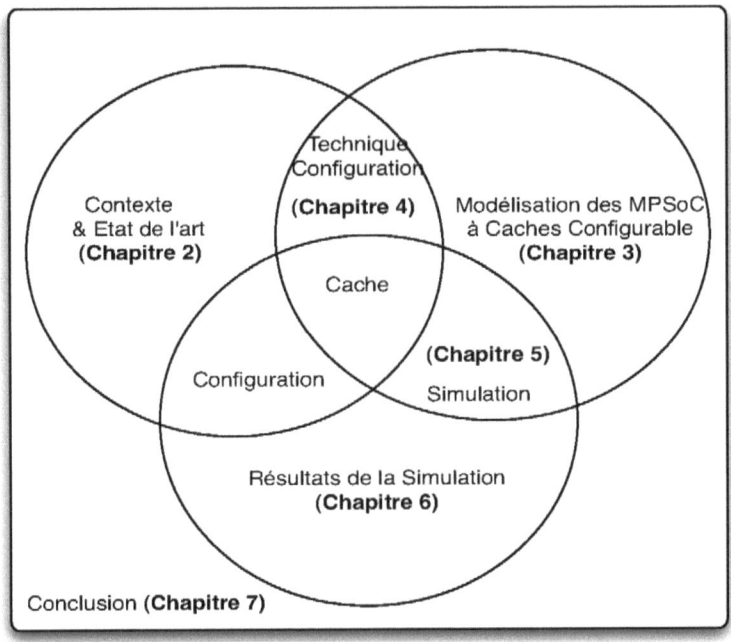

Figure 1.8. Plan du livre.

Chapitre 2
Contexte et État de l'art

« Cette difficulté d'écrire qu'on prête aux écrivains n'est pour eux qu'une difficulté de plus, à cause de l'exigence. »

-De **Gilbert Choquette**

Sommaire

Chapitre 2 18
Contexte et État de l'art 18
I. Introduction 19
II. Concepts clés autour du domaine *RC* 19
II.1 Mémoire cache et hiérarchie mémoire 19
II.2 Organisation du cache 21
II.3. Éléments de la conception du cache 24
II.3.1 La taille du cache 24
II.3.2 Taille de ligne 25
II.3.3 L'associativité 26
II.3.4 Algorithmes de remplacement 26
II.3.6 Nombre de caches 27
III. Architecture de cache reconfigurable 28
VI. Synthèse I 29
V. Techniques de reconfiguration des caches 29
V.1 Classe 1: selon le type d'architecture du SoC 29
V.2 Classe 2 : reconfiguration statique/dynamique 32
V.2.1 Analyse d'application en offline : reconfiguration statique 32
V.2.2 Analyse d'application enligne : reconfiguration dynamique 34
IV. Synthèse II & Conclusion 37
III. Évaluation des performances par intervalle 45
IV. Conclusion 48

I. Introduction

Comme notifié dans l'introduction générale, la motivation majeur de notre travail est la mise au point d'une méthode d'autoréglage des caches permettant d'exécuter rapidement l'application tout en réduisant la consommation en batterie dans un système multiprocesseur embarqué (*MPSoC*).

La reconfiguration du cache (*RC*) offre la possibilité de redéfinir l'organisation du cache d'un *MPSoC*, pendant l'exécution des programmes embarqués. Afin de répondre aux besoins uniques de chaque application en ressources mémoires, la *RC* détermine pour chaque application une nouvelle architecture du cache pour obtenir une exécution optimale sur *MPSoC*.

Dans ce chapitre, nous allons définir les principaux concepts liés au domaine la *RC*. Ensuite nous allons s'intéresser aux différentes techniques de reconfiguration du cache qui existent dans l'état de l'art. Nous terminerons le chapitre par une synthèse résumant les principales différences entre les méthodes de reconfiguration, tout en justifiant le choix de notre approche.

II. Concepts clés autour du domaine *RC*

Dans les paragraphes qui suivent nous présenterons le principe de fonctionnement du cache et apprendrons comment la mémoire cache est organisée, et ensuite quelles sont les principales caractéristiques physiques de sa structure qui influent le plus sur les performances du *MPSoC*.

II.1 Mémoire cache et hiérarchie mémoire

Comme pour les architectures d'ordinateurs, dans une architecture embarquée le rôle du cache reste le même: stocker des données, fournir un accès rapide pour le processeur et garder uniquement les données et les instructions que le processeur devra utiliser à l'avenir [Alipour, M., 12], [Grâce, E., 10]. La figure 2.1 illustre ce concept, on a une mémoire principale lente mais de taille importante, associée à une mémoire cache plus petite et plus rapide. Le cache contient une copie de certaines parties de la mémoire principale.

Pour des besoins de calcul le processeur demande principalement des *mots mémoire*[1] au cache car il ne peut pas accéder directement à la mémoire principale [Spanberger, A., 02], [Stallings, W., 2003].

---

[1] Une case mémoire contenant des informations stockées (des instructions ou des données). La taille d'un mot mémoire varie selon l'architecture de 16, 32 jusqu'à 64 octets.

Si le mot mémoire est présent dans le cache, on parle alors de succès de cache « *hit* ». Et puisque le cache est de taille petite et ne contient pas tous les mots de la mémoire centrale, par conséquent l'information peut ne pas se trouver dans le cache, on parle d'échec ou de défaut de cache « *miss* ». Dans ce dernier cas, il faut chercher le mot mémoire dans la mémoire principale et placer celui-ci dans le cache on parle de « *chargement* » de cache avec éventuellement un « *remplacement* » des mots mémoires actuellement présents dans le cache.

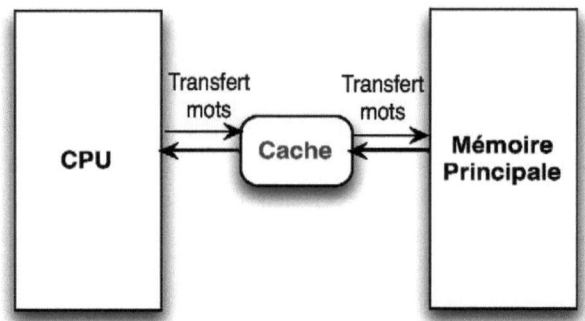

Figure 2.1. Mémoire cache.

Enfin, le mot mémoire est chargé au processeur avec une copie maintenant disponible dans le cache pour un prochain usage éventuellement. En effet, un programme informatique ne s'exécute pas d'une manière aléatoire, lorsqu'une instruction référence une adresse il est très probable que la référence mémoire qui suit soit dans le voisinage de cette adresse.

Les programmes travaillent sur des informations organisées par des structures de données comme les tableaux et sont placés dans des adresses mémoires très proches les unes des autres. Ces adresses sont contiguës dans le cas des tableaux. De même, les instructions d'un programme séquentiel sont placées dans des mots mémoires contigus sauf pour le cas des branchements. Ce flux d'exécution définit ce qu'on appelle : « *le principe de localité* » [Strandh, R., et all, 05].

L'efficacité du cache dépend alors de son taux de succès et surtout de la capacité à exploiter au mieux le principe de localité des programmes en cours d'exécution.

Il est également possible d'avoir une disposition de plusieurs niveaux de caches, chacun avec une taille et une rapidité différentes.

Nous allons nous restreindre dans ce présent travail à la définition d'une architecture à deux niveaux de caches[2]: le cache du premier niveau (L_1) et le cache du second niveau (L_2). La figure 2.2 montre les positions conceptuelles des caches: le cache de niveau 1 séparé en un cache d'instructions (*I-Cache*) et un cache de données (*D-Cache*), ensuite vient le *L2*. Ces derniers sont disposés entre le processeur et la mémoire centrale.

De la même manière le principe de localité peut être appliqué dans le cas des caches multi-niveaux. De sorte qu'en montant dans les niveaux, plus le pourcentage d'accès diminue, et donc un taux de succès qui accroit. D'où le grand avantage d'utiliser une hiérarchie de caches.

Nous distinguons à présent entre le rôle du cache et son emplacement au sein d'une *hiérarchie mémoire*. Cependant avant de cerner les éléments influant la bonne conception d'un cache, il est important de comprendre comment est faite son organisation interne.

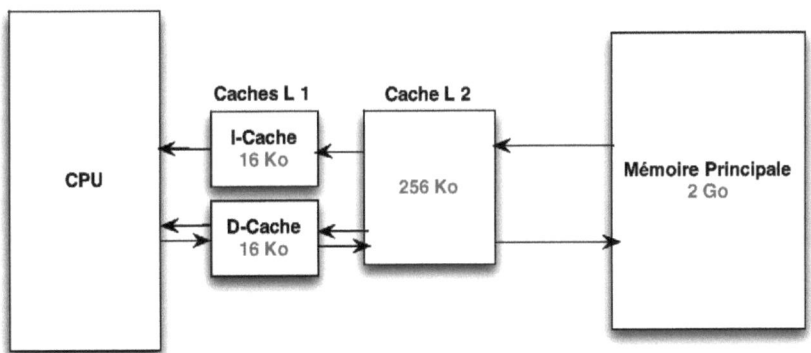

Figure 2.2. Caches Multi-niveaux.

II.2 Organisation du cache

L'organisation du cache consiste à définir la disposition physique des mots mémoire au sein du cache. Comme nous allons le voir à présent, il existe plusieurs façons de faire, cependant il n'est pas toujours évident d'exploiter l'agencement le plus simple [Stallings, W., 03], [Strandh, R., et all, 05].Comme montré dans l'exemple de la figure 2.3, la mémoire principale est organisée en lignes de 4 mots. L'adresse du premier mot de la première ligne est «000», l'adresse du premier mot de la deuxième ligne est «004» et ainsi de suite. Pour obtenir l'adresse du mot mémoire au contenu égale à *{N}* qu'on trouve à la ligne

---
[2] Le cache de niveau 3 (*L3*) ne fera pas l'objet de ce livre.

numéro «028» on lui ajoute un déplacement (offset) de 3 mots. Ce qui donne «031» comme adresse du mot mémoire.

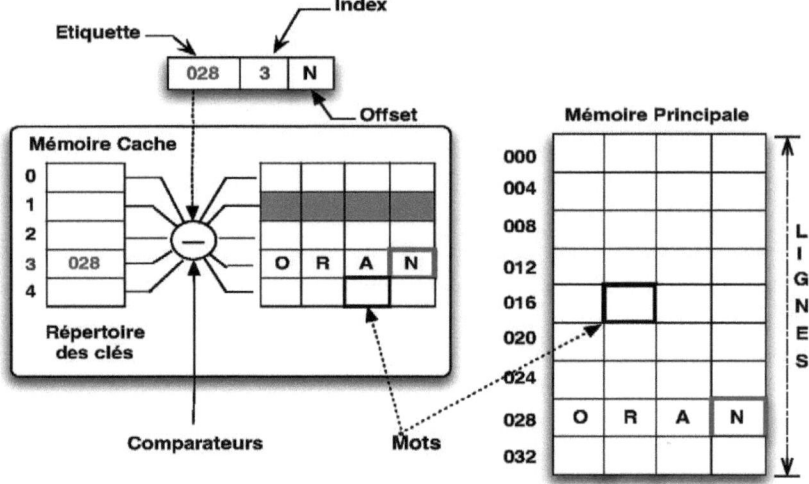

Figure 2.3. Organisation du cache.

La mémoire centrale est organisée en une suite de *lignes mémoires,* qu'on appelle aussi *blocs mémoires*[3]. Chaque ligne est composée de mots.

La mémoire cache est constituée d'une suite de lignes, appelées *lignes de cache.* Chaque ligne de cache contient une copie de la mémoire centrale. Les lignes du cache ont la même taille que les lignes mémoire. Donc il est possible de faire la correspondance entre les lignes mémoires et celles du cache, pour se faire nous avons besoin d'*un répertoire de clés* et de *comparateurs.*

Le répertoire des clés a autant d'entrées qu'il y a de lignes de cache. Chaque clé représente un numéro d'une ligne en mémoire qu'on appelle alors *étiquette.* Pour expliquer l'usage du répertoire des clés et celui des comparateurs prenant l'exemple d'une opération de lecture.

Dans l'exemple illustré par la figure 2.3, le processeur veut acquérir la donnée {N} qui est située à la ligne *"028"* en mémoire. Le processeur vérifie d'abord sa présence dans le cache. Pour cela l'adresse est présentée au(x) comparateur(s) qui vérifie si la clé *"028"* est dans le répertoire des clés. Si c'est le cas la donnée est présente dans le cache. Sinon le cache est chargé avec tout le contenu de la ligne *"028"* et pas uniquement du mot *{N}.*

---

[3] Employer le terme de bloc ou ligne revient à la même chose.

Ainsi, pour toute opération de lecture ou de remplacement dans le cache, on a besoin d'un algorithme pour faire la correspondance entre les blocs mémoires et les lignes de cache. Il faut, en outre, trouver un moyen pour déterminer quel bloc de la mémoire principale occupe quelle ligne du cache. Le choix de la fonction de correspondance détermine l'organisation du cache. Il existe trois techniques de correspondance: *directe*, *associative* et *associative par ensemble* (figure 2.4).

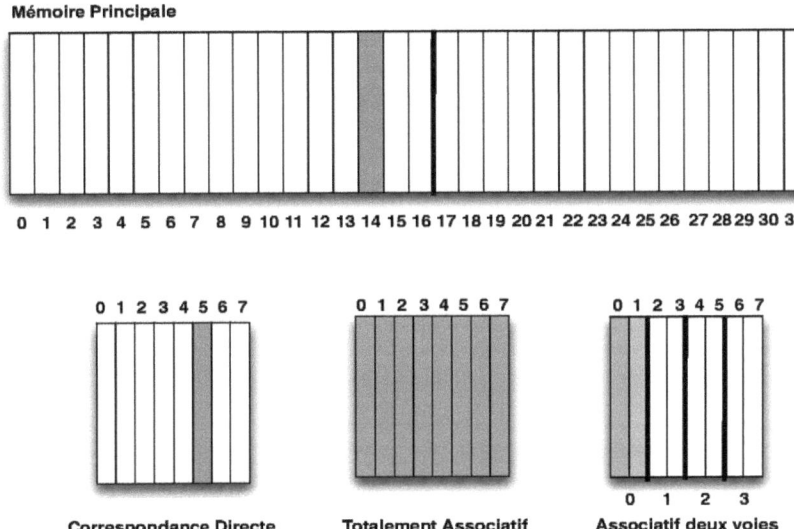

Figure 2.4. Techniques de correspondance: *directe*, *associative* et *associative par ensemble*.

Un cache *direct* (ou à *correspondance directe*), dans lequel chaque donnée doit être stockée à un endroit précis. Un cache *associatif*, permet de stocker une donnée n'importe où dans le cache, c'est le plus simple à comprendre, mais aussi le plus coûteux à mettre en œuvre.

La correspondance *associative par ensemble* est un compromis qui profite des avantages des approches directe et associative en réduisant leurs inconvénients. Dans ce cas, le cache est divisé en v ensembles, composés chacun de k lignes. C'est ce qu'on appelle la correspondance associative à k voies. Un bloc peut être placé dans n'importe quelle ligne du même ensemble.

Dans l'exemple (figure 2.4. Associatif deux voies) nous avons un cache associatif à 2 voies, donc un bloc peut être placer dans l'un des 4 ensembles 0, 1,

2 ou 3 par analogie au cache direct. Dans l'exemple c'est l'ensemble 0 qui est choisi, par contre le bloc peut être mis dans n'importe quelle ligne 0 ou 1 se trouvant dans le même ensemble, cette stratégie est alors semblable au cache totalement associatif.

II.3. Éléments de la conception du cache

Dans la présente section, nous donnons un aperçu sur chaque paramètre de conception du cache. Par l'explication de chacun d'entre eux, nous allons montrer leurs rôles décisifs dans la bonne conception du cache. Ces éléments servent principalement à classer, à différencier les architectures du cache et sont récapitulés dans le tableau 1 :

Éléments de la conception du cache	Description
Taille du cache	- Taille du cache L1 de 16 à 32 Ko. - Taille du cache L2 de 256 à 512 Ko.
Taille des lignes	- Entre 8 et 64 Octets.
Associativité	- Cache directe. - Cache associative. - Cache associative par ensemble.
Algorithme de remplacement	- *LRU* (*Least Recently Used*, moins récemment utilisé). - *FIFO* (*First In First Out*, premier entré premier sorti). - Aléatoire.
Stratégies d'écriture	- Écriture simultanée (*Write through*). - Écriture différée (*Write back*).
Nombre de caches	- Un ou deux niveaux

Tableau 2.1. Description des éléments de la conception du cache.

II.3.1 La taille du cache

La taille du cache doit être suffisamment réduite pour minimiser le temps d'accès au cache. Car plus il est grand, plus il faut de parcours pour accéder à une information dans le cache. En conséquence, les caches de grande taille tendent à être légèrement plus lents. De plus, les performances de ce dernier étant particulièrement sensibles à la nature de la charge de travail, il est impossible de parvenir à une taille de cache optimale unique [Ranganathan, P. et all, 00], [Zang, W. et all, 13]. Le tableau 2.2 liste les tailles de cache pour des processeurs actuels et anciens.

Processeur	Type	Année	il1/dl1	L2	L3
IBM 360/85	Gros ordinateur	1968	16 à 32 Ko	—	—
Pentium	PC	1993	8 Ko/8 Ko	256 à 512 Ko	—
Pentium 4	PC/serveur	2000	8 Ko/8 Ko	256 Ko	—
Itanium	PC/serveur	2001	16 Ko/16 Ko	96 Ko	4 Mo
Intel Core i7	PC/serveur	2009	64 Ko	256 Ko	6 Mo

Tableau 2.2 Exemples de taille de cache pour différents processeurs.

Nous remarquons d'une façon générale que la taille des caches augmente quasiment par puissance de deux et cela par niveau et par année aussi. Comme pour le cas des processeurs Pentium 4 et Itanium, dans l'espace d'un an la taille du L_1 à doubler. Les raisons de cette augmentation peuvent être nombreuses, on peut citer notamment le besoin des applications en en calculs intensifs et en stockages des données. Donc, il est impossible de parvenir à une taille de cache unique pour tous les processeurs.

II.3.2 Taille de ligne

La relation entre la taille de ligne et le taux de succès est complexe. En effet, cela dépend des caractéristiques de localité d'un programme donné. Si les mots demandés par le processeur se trouvent dans un voisinage proche alors le taux de succès augmente avec l'augmentation de la taille de la ligne du cache.

Et inversement, le taux de succès diminue lorsque la probabilité d'exploiter les informations récemment utilisées devient plus faible. Donc il est difficile de définir une valeur optimale définitive, généralement la taille de ligne du cache est située entre 16 et 128 octets.

II.3.3 L'associativité

Le rôle de la fonction de correspondance intervient dans la mesure où les lignes de cache sont moins nombreuses que les blocs de mémoire principale. Il faut, en outre, trouver un moyen de déterminer quel bloc de la mémoire principale occupe la ligne de cache. Le choix de la fonction de correspondance détermine l'organisation du cache. Comme expliqué précédemment, on peut employer trois techniques de correspondance: directe, associative et associative par ensemble.

Pour le cas de la correspondance directe, elle est simple et peu coûteuse à implémenter. Son principal inconvénient est l'emplacement fixe dans le cache de chaque bloc. En conséquence, si un programme référence de manière répétitive des mots de deux blocs différents qui correspondent à la même ligne, ces blocs permutent continuellement dans le cache, et le taux de succès est faible (ce phénomène est appelé *effondrement*).

La correspondance associative contourne l'inconvénient de la correspondance directe en permettant de charger les blocs de la mémoire principale dans n'importe quelle ligne du cache. La complexité des circuits nécessaires pour examiner les étiquettes de toutes les lignes de cache en parallèle représente le principal inconvénient de ce type de correspondance.

La correspondance associative par ensemble est un compromis qui profite des avantages des approches directe et associative tout en réduisant leurs inconvénients.

Avec une correspondance totalement associative, l'adresse mémoire doit être comparée à l'étiquette de chaque ligne du cache ce qui peut augmenter le temps d'accès cache. Avec la correspondance associative à k voies, l'étiquette qui se trouve dans une adresse mémoire est uniquement comparée aux étiquettes des k lignes d'un ensemble.

II.3.4 Algorithmes de remplacement

Lorsqu'on veut acheminer un nouveau bloc vers le cache, il faut remplacer l'un des blocs existants. Pour la correspondance directe, on ne peut disposer que d'une ligne par bloc, sans qu'aucun autre choix ne soit possible.

Avec les techniques associative et associative par ensemble, on a besoin d'un algorithme de remplacement. Pour obtenir une vitesse élevée, un tel algorithme doit être implémenté par voie matérielle.

Nous mentionnerons trois des algorithmes les plus courants, dont le plus efficace est le *LRU* (*Least Recently Used*, moins récemment utilisé) la ligne remplacée est la ligne la moins récemment utilisée. Dans la mesure où l'on suppose que les emplacements mémoire les plus récemment utilisés sont plus susceptibles d'être référencés (principe de localité), le *LRU* doit obtenir le meilleur taux de succès. Cependant elle est coûteuse car cette technique nécessite de maintenir l'ordre des accès achevés.

L'algorithme *FIFO* (*First In First Out*, premier entré premier sorti) dans ce cas, la ligne remplacée est la ligne la plus anciennement chargée.

Il existe également une technique qui n'est pas basée sur l'utilisation et qui consiste à choisir une ligne de façon *aléatoire*. Des simulations ont démontré que le remplacement aléatoire donne des résultats très légèrement inférieurs aux algorithmes basés sur l'utilisation.

II.3.6 Nombre de caches

La plupart des architectures *MPSoC* propose une hiérarchie de cache à deux niveaux: le cache de niveau 1 (L_1) et le cache de niveau 2 (L_2).

La conception des caches multi-niveaux possède une fonctionnalité intéressante. Pour un cache externe L_2, on utilise rarement le bus système comme chemin de transfert entre le cache L_2 et le processeur. On lui préfère un chemin de données distinct qui permet de réduire la surcharge du bus système. De ce fait, la lenteur du bus et du temps d'accès mémoire entrainant des performances médiocres du système.

Nous retenons pour la suite de ce manuscrit, les trois principaux paramètres du cache qui influent le plus les performances de conception du cache qui sont la taille du cache (s), la taille de la ligne du cache (l) et l'associativité (a) définit par la fonction de correspondance [Ranganathan, P. et all, 00], [Zang, W. et all, 13].

Paramètres	*Cache Niveau 1*	*Cache Niveau 2*
Taille du Cache	2Ko	64 Ko
Taille de ligne	16 Octets	64 Octets
Associativité	2	4
Configuration (*C*)	< 2Kb, 16B, 2 >	< 64Kb, 64B, 4 >

Tableau 2.3. Exemples de configuration des caches L1 et L2.

L'ensemble des trois arguments forme ce que nous appelons par configuration du cache. Le tableau 2.3 donne des exemples de configurations pour les caches L1 et L2.

III. Architecture de cache reconfigurable

Le réglage du cache est le processus consistant à déterminer la configuration de cache qui convient le mieux pour une application donnée. Comme nous venons de le voir dans la section précédente, définir une organisation optimale revient à trouver les meilleures valeurs pour les éléments de la conception du cache : taille du cache, taille de ligne et l'associativité [Zang, W. et all, 13], [Ghaffari, F., 06], [Devaux, L., 11], [Spanberger, A., 02].

Le processus de réglage du cache exploite la division conceptuelle déjà présente dans un cache associatif à N-voies. Le cache peut être considéré comme un ensemble de N sous-caches de taille identique. L'implémentation matérielle de la reconfiguration se fait en définissant un vecteur de N bits pour activer ou désactiver une voie d'un sous-cache. Ici, le numéro de la voie correspond à la position du bit dans le vecteur. Si le bit est à 0 cela veut dire que la voie est désactivée, sinon la voie est activée.

L'exemple illustré par la figure 2.5 montre comment se fait la reconfiguration d'un cache *à 4* voies en un cache associatif à 2 voies. Supposons que la taille du cache est de 1 Mo et composé de 4 sous-caches de 256 Ko chacun. Nous avons besoin de définir un vecteur de 4 bits, si la valeur du vecteur indique *"1100"* cela signifie que les deux premières voies seront actives et les deux dernières désactivées, on obtient donc un cache associatif à 2 voies de taille totale de 512 Ko.

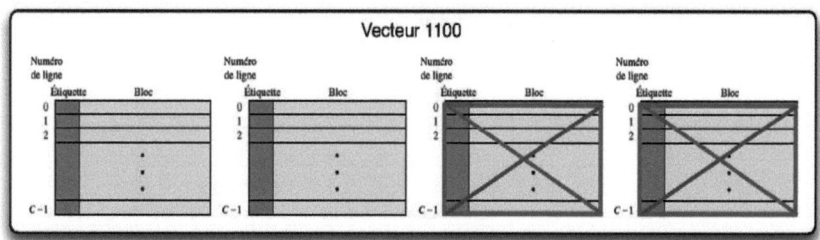

Figure 2.5. Cache associatif à 4 voies reconfiguré en cache associatif à 2 voies.

Nous verrons plus loin quand reconfigurer un cache et quelles sont les différentes techniques de reconfigurations qui existent dans l'état de l'art. Nous étudierons les différentes méthodes selon le nombre de caches, le nombre de processeurs, le nombre de fonctions objectives et le comportement des applications embarquées.

VI. Synthèse I

✓ *Impact de l'organisation externe des caches sur les performances système.* Plusieurs niveaux de caches s'intercalent entre le processeur et la mémoire, dénotés par L1, L2, etc. On parle alors de hiérarchie de mémoire. À mesure que la taille des caches augmente le temps d'accès et le coût diminuent. On parle s.

✓ *Impact de l'organisation interne sur les performances système.* Il existe un certains nombre d'éléments influant la bonne conception des caches en plus de l'organisation externe. Trouver le bon compromis entre la taille du cache, la taille de ligne et l'associativité dépend aussi des caractéristiques de localité du programme.

✓ *Concept de reconfigurabilité par activation de voies.* En exploitant l'organisation interne des caches classiques. A savoir l'associativité, on peut considérer un cache comme un ensemble de N sous-caches accessibles par voie. Les voies peuvent être activés ou désactivés par une implémentation matérielle.

V. Techniques de reconfiguration des caches

Dans ce livre, nous classifions l'état de l'art en deux classes. La première se focalise sur les travaux basés sur le type d'architecture du *SoC*. Autrement dit nous distinguerons les travaux dédiés aux architectures à monoprocesseur, à multiprocesseurs, à un seule niveau de cache et à deux niveaux de cache.

La seconde classe fera le point sur les travaux dédiés à l'étude du comportement du programme durant son exécution à savoir la reconfiguration statique et dynamique. Nous terminerons cette section par une synthèse dans le but est de situer notre approche par rapport à l'état de l'art étudié.

V.1 Classe 1: selon le type d'architecture du SoC

De nombreux chercheurs et concepteurs de processeurs ont étudié la relation entre les structures mémoire et la consommation d'énergie dissipée. C'est ainsi que, de nombreux efforts ont été faits afin de trouver des optimisations pour réduire la consommation d'énergie. Le réglage des paramètres de cache pour les besoins d'une application particulière peut être une bonne solution pour économiser l'énergie et améliorer les performances. Des stratégies d'exploration des paramètres de cache ont été appliquées afin d'ajuster la structure du cache pour une application donnée.

Le tableau 2.4 récapitule l'ensemble des techniques de reconfiguration : la première colonne liste les techniques de reconfiguration, la seconde leurs principes en précisant le type d'architecture et la troisième colonne précise les objectifs à optimiser.

Techniques	Principe	Contraintes
Cache reconfigurable [Albonesi, D.H., 00]	Activation/désactivation des voies dans un cache associatif à N-voies	Energie + Cycles
Algorithme Génétique [Palesi, M., 02]	SoC paramétrable	Energie + Cycles
Algorithme DC_CP [Wang, W. et all, 13]	Reconfiguration L1 + Partitionnement L2 + Multiprocesseur	Energie + Cycles
TCaT [Gordon-Ross, A. et all, 04]	2 Niveaux caches (L1/L2) + Monoprocesseur	Energie + Cycles
Heuristique de Zhang [Zhang, C. et all, 00]	Un seul niveau cache + Monoprocesseur	Energie
TECH-Cycles [Gordon-Ross, A. et all, 04]	2 Niveaux caches (L1/L2) + Monoprocesseur	Energie + Cycles
CPACT [Rawlins, M. et all, 11]	Un seul niveau cache + Multiprocesseur	Energie

Tableau 2.4. Techniques de reconfiguration selon le type d'architecture.

Albonesi [Albonesi, D.H., 00] a proposé un cache reconfigurable, basé sur une recherche exhaustive pour trouver la configuration de cache optimale pour une application. Cependant le temps nécessaire à une recherche exhaustive, est considérable. Cette technique est plus appropriée lorsque le nombre de configuration est petit.

Plusieurs outils existent pour aider les concepteurs à prendre des décisions quant au choix de la bonne configuration d'un seul niveau de cache. Par exemple, on peut citer [T. Givargis et all, 02] une plate-forme permettant de reconfigurer un *SoC*. L'outil utilise la recherche exhaustive comme méthode d'exploration pour le cache du premier niveau seulement. Le même travail que celui de [Albonesi, D.H., 00] est présenté par [Palesi, M., 02], avec la possibilité de réduire l'espace de configuration à l'aide d'un algorithme génétique.

La méthode de configuration de [Zhang, C. et all, 03] est fondée sur l'importance des paramètres du cache : la taille du cache, la taille de la ligne et l'associativité. Dans cette approche, un seul paramètre est ajusté à la fois pendant que les autres paramètres du cache sont fixés. Chaque nouvelle configuration obtenue, est analysée en termes de taux de défaut sur le cache et la consommation d'énergie.

Gordon-Ross a étendu la méthode de Zhang qui au départ n'explorait qu'un seul niveau de cache pour inclure les deux niveaux de caches, produisant l'heuristique *TCaT* (*Two-Level Cache Tuner*) [Gordon-Ross, A. et all, 04]. *TCaT*, explore une partie de l'espace des configurations des deux niveaux de caches et analyse l'impact de chaque paramètre en termes d'énergie et en nombre de cycles pour une application donnée. Cependant, l'heuristique est dédiée seulement pour les architectures monoprocesseur.

De même l'heuristique *TECH-CYCLES* (*Two-level Cache Exploration Heuristic considering CYCLES*) [Silva-Filho, A.G. et all, 06], mesure la consommation d'énergie afin de comparer si une solution est meilleure qu'une autre. *TECH-CYCLES* mesure également le temps d'exécution d'une application. En pratique, le processus d'exploration des paramètres du cache continue tant qu'il est possible d'optimiser la consommation d'énergie et le temps d'exécution.

Passons maintenant aux travaux dédiés aux architectures multiprocesseurs, qui montrent toujours l'intérêt de la reconfiguration. [Wang, W. et all, 11] présente une nouvelle technique d'optimisation de l'énergie pour un système multiprocesseur *DCR_CP* (*Dynamic Cache Reconfiguration and Cache Partitioning*), qui intègre efficacement la reconfiguration des caches privés L_1 et le partitionnement du cache partagé L_2. A Chaque processeur est assigné un segment du cache L2 et donc chaque processeur n'a le droit d'accéder qu'à la partie qui lui est réservée.

Enfin, l'heuristique *CPACT* (*Conditional Parameter Adjustment Cache Tuner*) présentée dans [Rawlins, M. et all, 11] explore les caches de données de niveau un (*L1*) dans une architecture hétérogène multiprocesseur, où chaque cache de données (*dl1*) peut avoir une configuration différente. Toutefois, cette approche ne considère pas la configuration de cache du second niveau. [Rawlins, M.et all, 12] étend l'heuristique par un réglage des caches instructions (*il1*) et données (*dl1*) dans une architecture hétérogène à multiprocesseurs, la technique de reconfiguration analyse les applications à données partagées entre les processeurs pour guider le processus de réglage des caches de façon optimale notamment dans le cas ou l taux d'échecs sur le cache est identiques pour tout les processeurs donc on attribuera une configuration identique au cache par processeur et ça éviterais de faire des reconfiguration de plus. Cependant les deux approches [Rawlins, M. et all, 11] et [Rawlins, M. et all, 12] explorent l'espace de conception sans tenir compte de la dépendance entre les caches L_1 et L_2.

Nous pouvons observer que la reconfiguration des caches a été appliquée comme solution efficace pour nombreuses architectures que ça soit pour les architectures monoprocesseurs avec un seul niveau/deux niveaux cache(s) ou pour le cas d'architecture multiprocesseurs avec un seul niveau de cache. Cependant il reste encore à montrer la même efficacité pour les architectures multiprocesseurs avec deux niveaux de caches.

V.2 Classe 2 : reconfiguration statique/dynamique

Les caractéristiques de localité de l'application embarquée, sont commandées essentiellement par des boucles, déterminant le comportement du cache. Dans ce qui suit nous distinguerons deux types de reconfigurations: une *reconfiguration statique*, une *reconfiguration dynamique*.

V.2.1 Analyse d'application en offline : reconfiguration statique

Une reconfiguration du cache est dite statique (*RSC*), si les concepteurs sont menés à déterminer la configuration optimale du cache avant son déploiement réelle dans le système[4]. Donc le choix de la configuration du cache sera figé une fois la conception réalisée. Cette catégorie inclue toutes les techniques faisant

---

[4] Ce que nous appelons ici par système désigne le système embarqué modélisé.

appel à un simulateur permettant de reproduire le comportement du système.

Les concepteurs[5] d'architectures embarquées utilisent souvent des modèles d'architectures implémentés dans des langages de programmation traditionnels ou langages de description matérielle (figure 2.6). Ils peuvent par ailleurs tester des programmes sur ces modèles pour évaluer la performance et la cohérence de la conception matérielle proposée et donc éviter la réalisation matérielle précoce qui peut être couteuse. Évaluer les performances revient à tester différentes combinaisons des paramètres architecturaux. Néanmoins, pour chaque nouvelle combinaison de valeurs, le concepteur doit ré-exécuter le même programme plusieurs fois. Ce qui rend l'exploration de l'espace de conception très difficile.

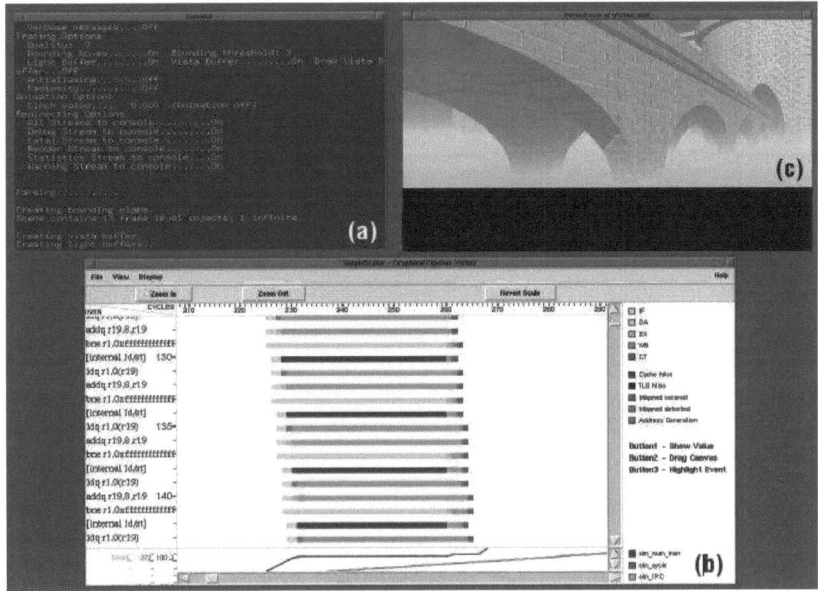

Figure 2.6. Exemple de simulateur. **(a)** la console affiche les messages de simulation généré, **(b)** représentation graphique du pipeline, et **(c)** la sortie du programme simulé (Annexe A).

Malgré le temps de simulation qui peut être important et l'immensité de l'espace de conception engendré, la nécessité d'une simulation est inévitable. Donc, ce qui a motivée les chercheurs à trouver des méthodes pour

---

[5] Nous emploierons le terme de designers ou architecte pour désigner les concepteurs systèmes.

contourner ces difficultés. Toutefois, l'inconvénient majeur des approches basées sur la simulation est le temps de simulation qui est souvent énorme. Simuler chaque configuration du cache peut nécessiter des heures ou des jours en temps de simulation cela dépend aussi de la taille de l'application et de sa complexité.

V.2.2 Analyse d'application enligne : reconfiguration dynamique

Un cache dynamiquement reconfigurable (*RDC*) permet un ajustement du cache pendant l'exécution du programme. L'analyse des statistiques d'usage des différentes ressources se fait au fur et à mesure, pour déterminer la nouvelle configuration optimale (ou proche de l'optimale) du cache pour la suite de l'exécution.

Cependant, quelque soit le mécanisme intégré au sein de l'architecture type, il se doit d'être précis et rapide pour modifier l'organisation du cache sans affecter les performances globales du système.

Les techniques de la *RDC* s'appuient essentiellement sur la détection des *intervalles* dans une application. Les métriques de performance du système à utiliser pour détecter les changements d'intervalles comprennent par exemple : les défauts de cache, le nombre d'instructions par cycle (*IPC*), la puissance du système, etc.

Toutefois le processus de détection des intervalles est à la fois délicat et décisif. Si le mécanisme de détection n'est pas assez sensible aux variations des métriques de performances, la configuration du cache optimal pourrait être omit et le système s'exécutera avec une configuration non optimale ce qui résulte des dégradations en performance du système.

Alternativement, si la détection de changement d'intervalles est trop sensible aux variations, cela va impliquer un réglage trop fréquent du cache. Dés lors le système consommera plus d'énergie que si on garde la même configuration du cache pour le reste de l'exécution de l'application. Trouver la meilleure longueur pour un intervalle a fait l'objet de plusieurs recherches. Il existe deux façons de faire.

La première approche fixe la longueur des intervalles qui est prédéterminée par expérimentation, dans ce cas on parle de reconfiguration du cache par intervalle fixe. Dans l'autre cas si la longueur des phases varie, on parle alors de reconfiguration de cache à intervalle variable.

Le tableau 2.3 résume ces classifications : la première colonne liste les deux techniques de reconfiguration par phase, la deuxième colonne liste le principe de chaque technique, la troisième et la quatrième indiquent les avantages inconvénients pour chaque technique.

Techniques	Principe	Avantages	Inconvénients
Intervalle de Longueur fixe	- Longueur = 100.000 instructions. [Balasubramonian et al. 2000] - Longueur = 10 millions d'instructions. [Sherwood et al. 2003a, 2003b] - Longueur = 10 millisecondes à 10 secondes. [Duesterwald et al. 2003]	Simplicité.	- Choix de la longueur difficile. - Manque de précision.
Intervalle de longueur variable	- Détection automatique des intervalles. [Huang et al., 2003]; [Shen et al., 2004 ; Lau et al., 2006] ; [Binkert, N., et all, 11]	Implémentation matérielle.	- Risque de dégradations des performances.

Tableau 2.3. Récapitulatif sur les techniques de reconfiguration dynamiques.

Les travaux de [Balasubramonian et al. 2000] et [Sherwood et al. 2003a, 2003b] ont fixé la longueur des intervalles de 100.000 à 10 millions d'instructions, respectivement.

[Duesterwald et al. 2003] ont défini une longueur de 10 millisecondes à 10 secondes. Les travaux de [Huang et al. 2003 ; Shen et al. 2004 ; Lau et al. 2006] s'appuient sur des méthodes qui réagissent directement aux variations des mesures de performance du système.

La figure 2.7 montre une vue d'ensemble d'une solution matérielle pour la détection de changement d'intervalles en ligne.

Le *moniteur de performances* surveille l'exécution du système. Les mesures de performances du système sont collectées durant un intervalle et sont enregistrées dans une structure appelée *accumulateur*. Ce dernier se compose d'un ou de plusieurs *compteurs*, où chaque compteur représente une métrique du système (représenté dans la figure par un tableau). Une autre composante importante est la présence d'une table sauvegardant l'historique d'exécution de chaque intervalle [Dhodapkar et Smith 2002], [Heirman, W., 12].

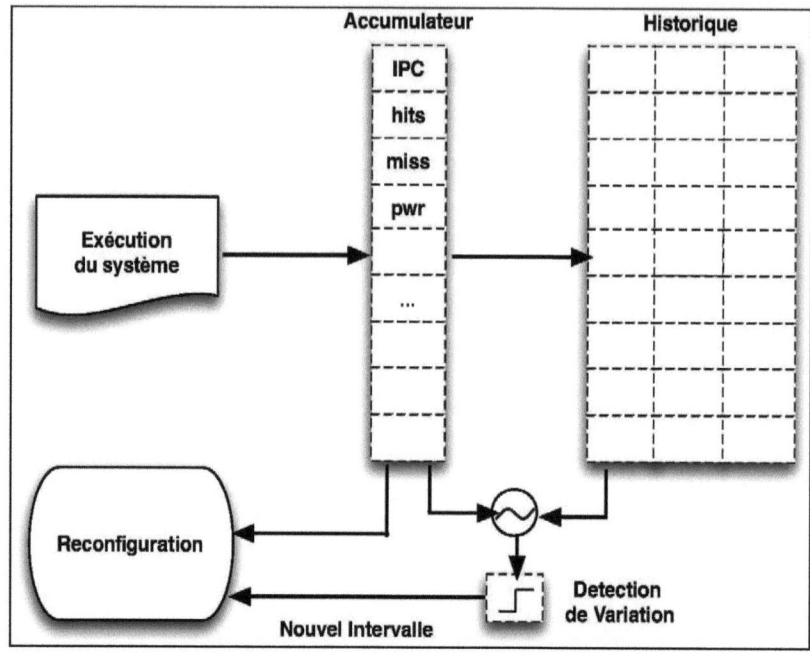

Figure 2.7. Moniteur de performances.

En faite la détection d'un changement revient à calculer la différence entre l'état des compteurs à l'instant (t) et l'état sauvegardé dans l'historique à ($t-1$). Le *comparateur* (Δt) indiquera une variation si la différence est supérieur à zéro ($\Delta t > 0$) ; alors la reconfiguration du cache est déclenchée. Cependant cette technique représente certains inconvénients notamment dans le cas où le comportement de l'application présente une variabilité continue cela impliquera des reconfigurations trop fréquentes du cache et donc des dégradations dans les performances système puisque le temps passé à rechercher à trouver une nouvelle configuration s'ajoutera au temps fictif de l'exécution du programme.

IV. Synthèse II & Conclusion

En analysant l'état de l'art sur les techniques *RC*, on peut distinguer trois points essentiels qui servent de repère pour concevoir une résolution à base de la RC (figure 2.8) :

A) ***Axe 1, Définition de l'architecture:*** dans le premier axe, nous distinguons les techniques dédiées aux architectures à un seul niveau de cache/deux niveaux de caches, monoprocesseur/multiprocesseurs. Nous nous sommes intéressés en particulier aux travaux sur les architectures *multiprocesseurs/multi-caches* [Rawlins, M.et all, 11], [Silva-Filho, A.G. et all, 06]. Nous avons constaté que les techniques déployées que ça soit pour les architectures à processeur unique avec deux niveaux de cache [Silva-Filho, A.G. et all, 06] ; ou encore dans le cas des architectures multiprocesseurs avec un seul niveau de cache [Rawlins, M.et all, 11] s'avèrent efficace. Cependant dans les deux cas, l'exploration de l'espace de conception se fait sans tenir compte de la dépendance entre *L1* et *L2* dans le cas des architectures multiprocesseurs. Donc la question que nous nous posons, pourquoi ne pas intégrer les avantages des deux techniques pour en faire une méthode qui reconfigure les caches tout en tenant compte de la dépendance entre les deux niveaux de caches.

B) ***Axe 2, Définition des objectifs :*** pour le second volet, il est important de cerner dès le début ce que nous fixons comme performances à améliorer dans une architecture multiprocesseur/multi-caches. Nous avons opté pour une optimisation multi-objective à savoir: réduire l'énergie consommée tout en essayant de minimiser le temps d'exécution totale de l'application embarquée.

C) ***Axe 3, Définir la méthode d'analyse des performances :*** concernant le troisième axe, nous avons classé les méthodes de la *RC* en se basant sur l'analyse du comportement des applications embarquées qui s'exécutent sur le *MPSoC*. Pour cela il existe deux façons de faire, la première collecte toutes les mesures de performances du système jusqu'à la fin de l'exécution de toute l'application pour pouvoir déterminer la meilleure configuration des caches, c'est une méthode proactive. Pour la deuxième approche, l'analyse des performances se fait au fur et à mesure et pendant l'exécution de l'application. Dès la détection de dégradation de performances la RC se déclenche pour changer la configuration des caches. Cette méthode est réactive. Encore une fois nous avons opté pour une solution intermédiaire qui intègre les avantages des deux techniques pour en faire une méthode qui fait de la reconfiguration des caches multi-niveaux par intervalle.

Le chapitre suivant va être consacré à la formalisation du problème de reconfiguration des caches par intervalle pour mieux aborder la phase de résolution.

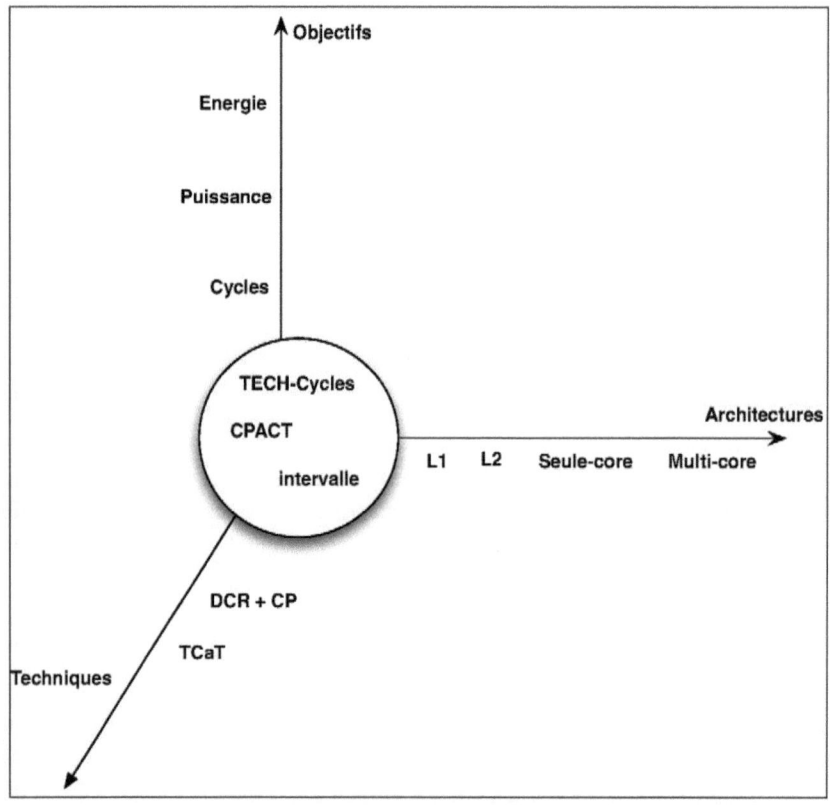

Figure 2.8. Synthèse sur l'état de l'art.

Chapitre 3
Modélisation du Problème: Reconfiguration des Caches Multi-niveaux

« La motivation vous sert de départ. L'habitude vous fait continuer. »

-De Jim Ryun

Sommaire

Chapitre 3 39
Modélisation du Problème: Reconfiguration des Caches Multi-niveaux 39
I. Introduction 40
II. Description analytique des architectures à caches reconfigurables par intervalle 40
    II.1. Définition 1: Comportement d'un programme embarqué 40
    II.2 Définition 2: Intervalle d'exécution 41
    II.3. Définition 3: Paramètres et configuration des caches 42
    II.4 Définition du problème: reconfiguration des caches par intervalle 43
III. Évaluation des performances par intervalle 45
IV. Conclusion 48
V. Conclusion 75

I. Introduction

Dans ce chapitre, nous décrirons la modélisation d'un système embarqué doté d'une architecture multiprocesseur à caches reconfigurables. Notre but est de reconfigurer les caches en tenant en compte du comportement des programmes qui s'exécutent sur ce type d'architecture. Ensuite, nous retracerons les modèles énergétiques des caches et du processeur nécessaires au calcul des performances du système embarqué.

Enfin, nous étudierons comment fonctionne un processus d'évaluation des performances d'un système embarqué qui servira comme base à notre approche de résolution par simulation.

II. Description analytique des architectures à caches reconfigurables par intervalle

Comprendre le comportement des programmes est à la base de toute optimisation logiciel/matériel des architectures embarquées. De nombreux programmes ont un comportement différent des uns des autres.

Dans ce chapitre, nous définirons, ce qu'est un comportement d'un programme et ce qu'est la notion d'intervalle et en quoi il est important d'inclure le comportement des programmes comme paramètre clé à l'optimisation des architectures embarquées.

II.1. Définition 1: Comportement d'un programme embarqué

Le comportement d'un programme informatique se définit par rapport à son interaction à l'architecture sur laquelle il tourne. Par exemple, pendant l'exécution le code peut boucler sur des branchements et le système peut être en état de mémoire insuffisante.

La figure 3.1 montre le comportement d'un programme (gzip) mesuré en nombre d'échecs sur les caches (dl_1, il_1, ul_2). Les statistiques sont prélevées pour chaque *tranche* de 10 millions d'instructions exécutées par le processeur.

Nous remarquons que les défauts sur les caches varient selon le type et le niveau du cache (de données, d'instructions, niveau 1, niveau 2) entre zéro et une grandeur valeur maximale qui montre bien que l'application passe par des changements d'états dans le temps et donc en besoin de taille mémoire différente. Le programme peut présenter un comportement stable pendant des millions d'instructions, puis changer subitement. Il a alors besoin de caches de taille plus large là où les tranches d'instructions sont caractérisées par un nombre important de défauts. D'où l'on peut dire qu'il serait intéressant d'adapter les caches à la tranche d'exécution (un intervalle) d'une application embarquée.

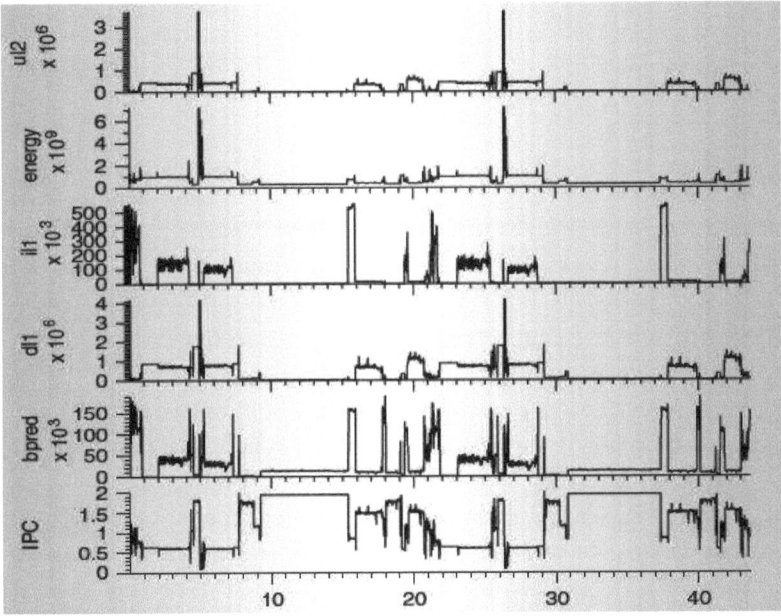

Figure 3.1. Comportement d'un programme (*gzip*) avec variation des taux d'échec sur les caches: cache de donnée (*dl1*) du niveau 1 ; cache d'instruction du niveau 1; cache de niveau 2 unifié (*ul2*) [T Sherwood, et all, 03].

II.2 Définition 2: Intervalle d'exécution

Un intervalle (figure 3.2) est un segment d'instructions en exécution continue ou encore une tranche dans le temps de l'exécution d'un programme [T Sherwood et all, 03], [Zhang, C. et all, 04]. Dans notre travail, nous avons choisi des intervalles d'exécution de même taille, mesurés par le nombre d'instructions exécutées.

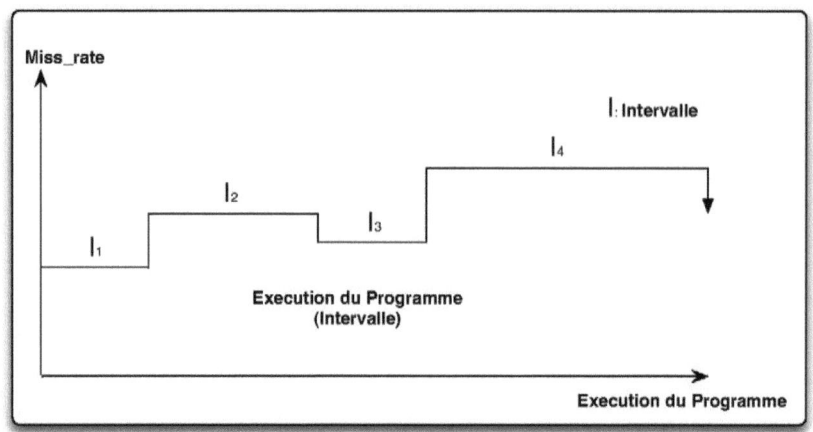

Figure 3.2. Intervalle d'exécution.

II.3. Définition 3: Paramètres et configuration des caches

Plusieurs paramètres architecturaux du cache sont connus pour avoir un grand impact sur la performance et la puissance consommée d'un système sur puce [Zhang, C. et all, 03].

Dans ce travail, nous considérons qu'une configuration est composée de trois arguments: la taille du cache (s), la taille de ligne (l) du cache et l'associativité (a). De là, nous avons structuré notre configuration en prenant en compte les paramètres caractérisant chaque niveau de cache.

Nous obtenons une structure de six éléments définis comme suit (figure 3.3) pour chaque processeur de l'architecture:

- s_2: la taille de cache du niveau 2.
- s_1: la taille du cache du niveau 1.
- l_2: la taille de ligne du cache de niveau 2,
- l_1: la taille de ligne du cache de niveau 1.
- a_2: l'associativité du cache de niveau 2.
- a_1: l'associativité du cache de niveau 1.

Par la suite, nous avons classé les paramètres par ordre d'importance en nous inspirant des travaux [Zang, W. et all, 13] et [Gordon-Ross, A. et all, 04]. Zhang a conclu que le paramètre du cache le plus important est la taille du cache, suivie de la taille de la ligne et enfin l'associativité.

Le placement des paramètres est effectué en commençant du deuxième niveau puis le premier niveau. Comme le montre la figure 3.3, et de façon contiguë on dispose de chaque paramètre (s) par un ensemble de deux éléments (s_2, s_1) représentant les deux niveaux de cache avant de passer au niveau suivant. Dans la suite de ce manuscrit nous appellerons par *configuration* l'organisation des caches L_1 et L_2.

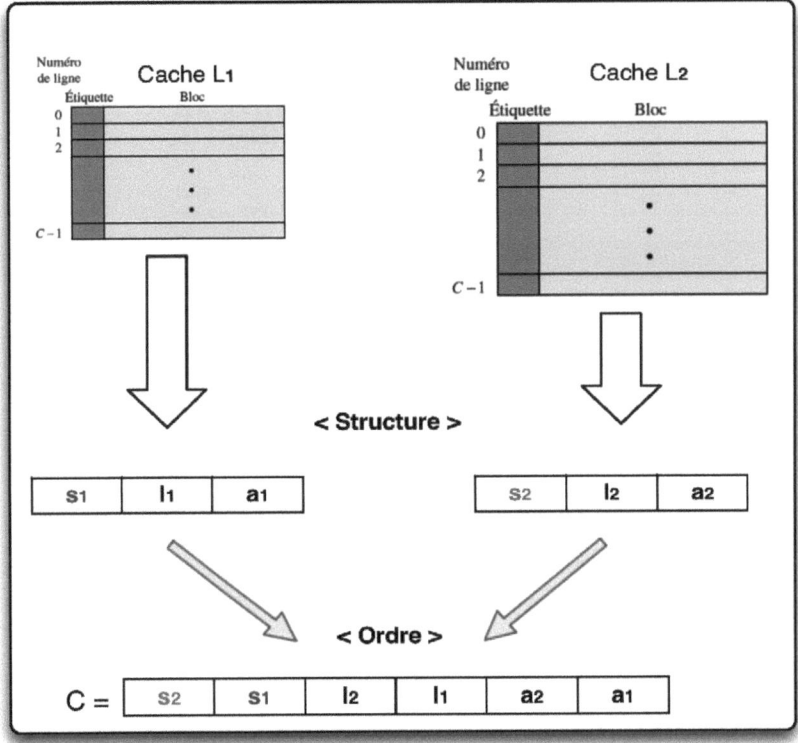

Figure 3.3 Paramètres et configuration des caches.

II.4 Définition du problème: reconfiguration des caches par intervalle

Nous considérons une architecture *multi-cores* constituée de *cores* identiques et de caches de deux niveaux avec un cache L_2 partagé et commun instruction et données et des caches de niveau 1 privés et séparées entre cache de données et cache d'instructions. Nous partons du principe que la cohérence de cache est implémentée par le matériel.

Nous définissons le problème des architectures à caches reconfigurables, comme un problème modélisé par un ensemble de N intervalles de tailles égales en nombre d'instructions allant de I_1 jusqu'à I_N où $\Sigma I_i = A$, avec A le nombre totale d'instruction exécutées par chacun des processeurs pour une application embarquée donnée. Ces intervalles sont exécutés sur M configurations possibles $\{C_1, C_2,... C_M\}$.

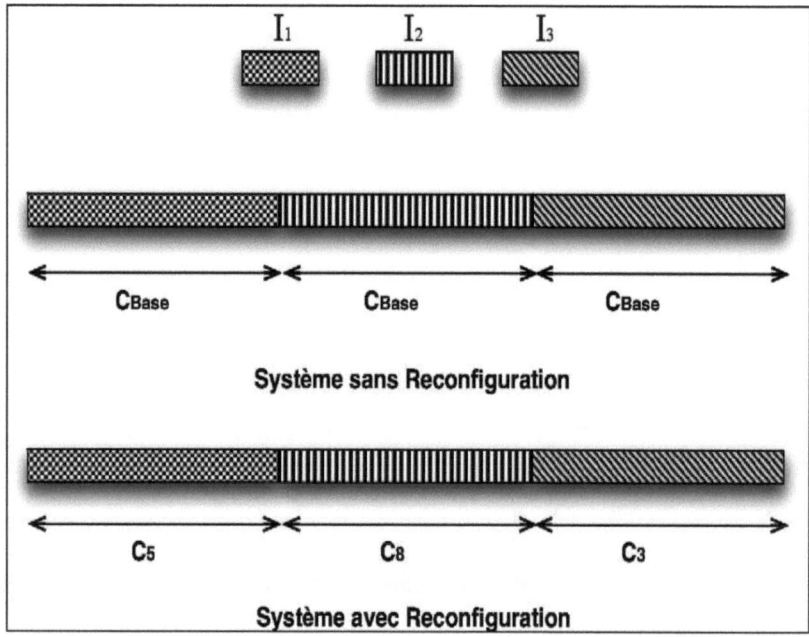

Figure 3.4. Exemple d'un système à trois intervalles $\{I_1, I_2, I_3\}$ et huit configurations$\{C_1, ..., C_8\}$.

Les intervalles ont une durée $Cycles(i,j)$, qui représente le nombre de cycles CPU lors de l'exécution d'un intervalle I_i sur la configuration C_j. De même $E(i,j)$ est l'énergie consommée lors de l'exécution d'un intervalle I_i sur une configuration C_j. Nous formulerons les différentes équations mathématiques, qui ont servi au calcul des performances, dans les paragraphes qui suivent.

Le problème à résoudre revient donc à choisir une configuration pour chaque intervalle afin de minimiser l'énergie totale consommée par l'application A [Bengueddach, A. et all, 13].

Le problème illustré par la figure 3.4 qui représente un système à trois intervalles I_1, I_2 et I_3 et huit configurations allant de C_1 jusqu'à C_8. Dans un système sans reconfiguration on gardera la même configuration de base C_B pendant toute l'exécution. Cependant dans un système à caches reconfigurables par intervalle, on obtient des solutions qui peuvent être différentes pour chaque intervalle: $(I_1; C_5)$, $(I_2; C_8)$, $(I_3; C_3)$.

III. Évaluation des performances par intervalle

Dans notre travail, nous avons utilisé le processus indiqué à la figure 3.5, afin d'estimer la consommation d'énergie du système figure 3.4 et évaluer sa performance principalement pour les composants *CPU* et hiérarchie de caches.

En entrées, on définit l'ensemble des valeurs pour les paramètres du cache et le code source de l'application qui est simulé par tranche de millions d'instructions[6].

Pour obtenir une trace du fonctionnement des caches et *CPU*, on a besoin d'un simulateur capable d'émuler le fonctionnement d'un système sur puce complet. Intégrant un analyseur de cache qui affiche en sortie les statistiques d'usage des caches.

Au cours de la simulation, chaque instruction exécutée contribue à la consommation énergétique totale. Le simulateur combine la trace d'exécution d'un bloc d'instructions avec les mesures de performances des caches estimées, qui sont utilisés par l'analyseur de *CPU* pour calculer la consommation de puissance du processeur et le temps d'exécution du système.

Pour obtenir la puissance consommée par le *CPU*, nous avons utilisé le modèle de calcul de puissance du modèle *CACTI* [Li, S. et all, 13]. La puissance consommée par un processeur est composée des puissances dynamique et statique.

$$P_{CPU/Ii} = P_{CPU\_dynamique} + P_{CPU\_statique} \quad (1)$$

$$E_{CPU/Ii} = P_{CPU/Ii} \times Cycles(Ii) \quad (2)$$

---

[6] Nombre d'instructions en exécution estimé à 15 millions.

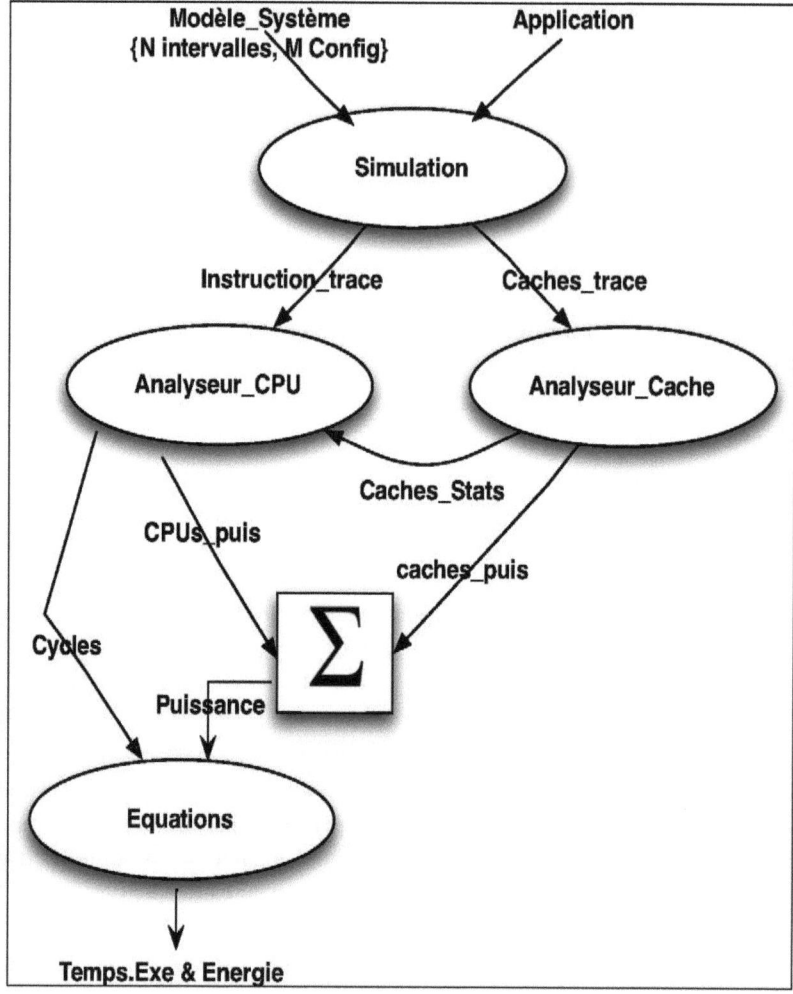

Figure 3.5. Processus d'évaluation des performances par intervalle.

Pour les caches nous avons utilisé le modèle de puissance analytique $Ecaches/_{Ii}$, en se basant sur la structure paramétrable des caches. Ce qui signifie que le modèle prend en compte la taille du cache, taille de la ligne et l'associativité pour chaque niveau de cache, dénotée par $E_{L1}(s_1, l_1, a_1)$ et $E_{L2}(s_2, l_2, a_2)$ respectivement, illustré par les équations (2) et (3):

$$P_{caches/I_i} = P_{L1/I_i}(s_1, l_1, a_1) + P_{L2/I_i}(s_2, l_2, a_2) \quad (3)$$

Tel que :

$$E_{caches/I_i} = P_{caches/I_i} \times Cycles(I_i) \quad (4)$$

Où : $Cycles(I_i)$ est le nombre de cycles CPU exécutés durant un intervalle de K millions d'instructions.

Ce processus est répété pour chaque nouvel ensemble de valeurs des paramètres des caches L_1 et L_2. Enfin, la consommation d'énergie EI_i de tous les composants (E_{CPU/I_i}, E_{caches/I_i}) par intervalle I_i est additionnée pour obtenir la consommation d'énergie totale E_{total} du système (équations 5 et 6).

$$E_{I_i} = E_{CPU/I_i} + E_{caches/I_i} \quad (5)$$

Tel que:

$$E_{total} = \sum_{i=1}^{N} E_{I_i}, Avec\ I_i \in A\ /\ A\ une\ application\ donnée. \quad (6)$$

IV. Conclusion

Pour une bonne compréhension du problème des architectures à caches reconfigurables, une bonne modélisation du système va nous aider à mieux cerner tous les éléments influant sur la consommation énergétique.

Nous avons défini le problème comme un système composé d'un ensemble de configurations de caches et d'un ensemble d'intervalles finis. Chaque intervalle représente un bout de code mesuré en millions d'instructions. Nous étudions par cette notion d'intervalle le comportement des applications embarquées. Le comportement des programmes étant variable notre but est de doter les caches de la faculté de s'adapter aux besoins de l'application qui tourne sur ce type d'architecture.

De là nous suggérons de poser le problème de reconfiguration des caches comme un système d'intervalles fini où on affecte à chaque intervalle une configuration optimale en énergie et en nombre de cycles *CPU*.

Cependant pour évaluer chaque configuration, nous avons fait appel à des modèles de calcul qui estiment l'énergie en se basant sur les statistiques générées par le simulateur du système modélisé. Nous verrons plus en détails la méthode d'autoréglage des caches basées sur une approche de simulation dans le chapitre suivant.

Chapitre 4
Exploration des caches multi-niveaux Par intervalle: L'heuristique ICTT

« La vie est un défi à relever, un bonheur à mériter, une aventure à tenter. »
-De *Mère Teresa*

Sommaire

Chapitre 4 49
Exploration des caches multi-niveaux 49
Par intervalle: L'heuristique *ICTT* 49
I. Introduction 50
II. Intégrer un explorateur dans le système *multi-cores/multi-caches* 50
III. Stratégie d'exploration 51
    III.1 Problème d'espace d'exploration 51
    III.2 Réglage des paramètres selon leurs impacts sur l'énergie 53
    III.3 Réglage des paramètres : l'heuristique *TECH-CYCLES* 53
    III.4 L'heuristique : *ICTT* (Interval Cache Tuning Technique) 56
IV. Intérêt de l'heuristique *ICTT* 59
V. Conclusion 61

I. Introduction

Dans ce chapitre nous introduirons une technique d'exploration *ICTT (Interval Cache Tuning Technique)* qui permet de reconfigurer les deux niveaux de caches. En effet, l'heuristique explore un espace de configurations qui combine l'ensemble des paramètres définissant les deux niveaux de caches: la taille du cache, la taille de la ligne et l'associativité.

La méthode que nous proposons s'appuie sur une estimation de performance de l'architecture *multi-cores*; afin de déterminer la meilleure configuration pour chaque nouvel intervalle de l'application en exécution.

La recherche est dirigée en suivant un ordre spécifique basée sur l'impact de chaque paramètre du cache sur le temps d'exécution et l'énergie. Nous démontrerons qu'en suivant cet ordre nous gagnons en rapidité d'exploration de l'espace des configurations.

II. Intégrer un explorateur dans le système *multi-cores/multi-caches*

Comme expliquer dans le chapitre 3, nous considérons le problème de reconfiguration des caches comme un système d'intervalles fini où on affecte à chaque intervalle une configuration optimale en énergie et en nombre de cycles *CPU*.

Pour déterminer la meilleure configuration pour un intervalle donné, nous proposons un explorateur dans notre cas, cela revient à exécuter l'heuristique *ICTT* qui aide le concepteur à choisir la meilleure configuration pour son architecture *multi-core/multi-cache* en s'appuyant sur un processus d'exploration de l'espace des configurations.

Donc faire de la reconfiguration revient à faire de l'exploration de l'espace de conception pour déterminer la meilleure configuration des caches. Comme montré dans la figure 4.1 dès que le compteur " *inst* " atteint une certaine valeur ($\Delta inst$) ; alors la reconfiguration des cache est déclenchée.

Le processus de recherche est lancé pendant l'exécution de l'application (enligne), et se base sur l'analyse des performances de chaque configuration parcourue pour déterminer ainsi la solution optimale (ou proche de l'optimale).

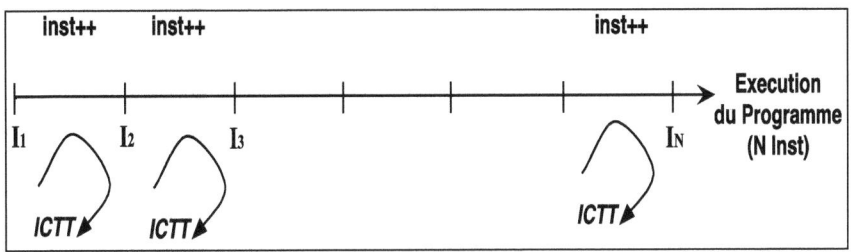

Figure 4.1. Reconfiguration des caches par intervalle.

III. Stratégie d'exploration

Avant de présenter notre méthodologie d'exploration, nous allons tout d'abord présenter le problème auquel nous sommes confrontés à résoudre qui est de parcourir un large espace des configurations dans une architecture *multi-core/multi-caches*. Dès lors, la question crucial que nous nous sommes posés est comment pouvons-nous réduire cet espace dès le début du procédé d'exploration? Et comment pouvons-nous accélérer l'exploration ?

III.1 Problème d'espace d'exploration

Pour expliquer le problème lié à l'espace d'exploration des configurations, prenons l'exemple de la recherche exhaustive (*RE*). La *RE* teste toutes les configurations possibles des caches et dans un ordre arbitraire, pour chaque configuration, la consommation énergétique est analysée. Après avoir testé toutes les configurations, l'approche sélectionne la configuration dont la consommation énergétique est minimale.

Une telle approche présente un grand inconvénient, si le nombre de configurations à analyser est énorme alors la *RE* prendrait dans ce cas des heures voir des jours pour parcourir l'espace de conception au complet.

La raison de cet accroissement est l'augmentation du nombre de composants paramétrables dans une architecture comme : le cache de niveau un, le cache de niveau deux, le bus ou encore le processeur lui même. Si nous ajustons le système en considérant toutes les configurations possibles, alors le nombre de configurations de la hiérarchie des caches multiplié par le nombre de configurations des autres composants peut facilement atteindre les millions de configurations possibles (par exemple, 100 (L_1) x 100 (L_2) x 100 (processeur) = 1, 000,000).

Ainsi nous avons besoin d'une approche qui minimise le nombre de configurations par cache et dès le début du processus d'exploration afin de converger rapidement vers une solution optimale (ou proche de l'optimale).

L'heuristique que nous développerons doit prendre en considération une architecture à deux niveaux de caches. Avec un cache de données pour le premier niveau (L_1) et un cache de niveau deux (L_2) partagé entre les *cores*. Les caches sont reconfigurables en termes de : taille de cache, taille de ligne et associativité.

De plus, Afin d'évaluer chaque configuration, l'heuristique ne considère pas uniquement l'énergie mais aussi le nombre de *Cycles_CPU* nécessaire pour l'exécution d'un intervalle.

La figure 4.2 montre une vue sur les critères d'évaluation des configurations appartenant à l'espace de conception. Par exemple, supposons que l'exploration commence par le point A(C_A, E_A) avec E_A l'énergie consommée et C_A le nombre de cycles nécessaire à l'exécution d'un intervalle.

Les points sélectionnés par l'heuristique sont ceux dont la consommation énergétique et le nombre de cycles sont inférieures à E_A et C_A simultanément (par exemple les points B, H ou F). Les deux conditions doivent être satisfaites à chaque fois qu'une configuration est choisie durant l'exécution de l'heuristique.

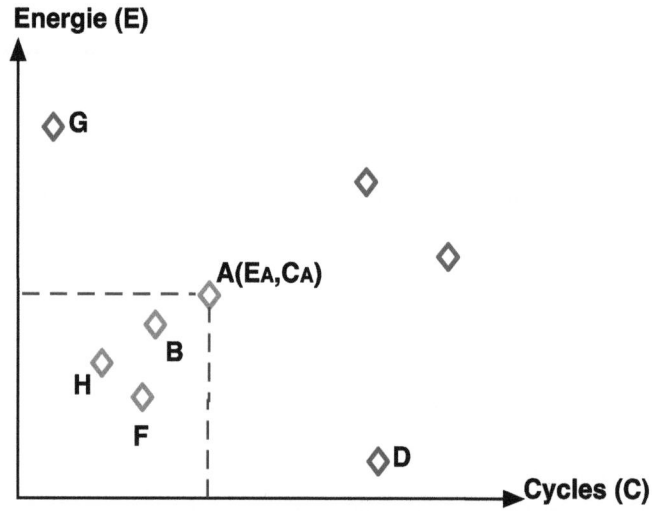

Figure 4.2. Espace d'exploration.

Si une configuration donnée est analysée et/ou dont l'énergie et le nombre de cycles sont supérieurs à la configuration précédente, alors cette dernière est éliminée comme pour le cas des points D, G. Malgré le fait que le point D donne de meilleurs résultats en énergie, de même pour le point G qui est donne un meilleur délai en performance. Le processus d'exploration continue jusqu'à arriver à ne plus améliorer en termes de nombre de cycles et d'énergie consommée ou bien le nombre maximal de configurations soit atteint.

III.2 Réglage des paramètres selon leurs impacts sur l'énergie

Pour faire de l'exploration efficacement, nous avons pris en considération l'impact de chaque paramètre (taille du cache, ligne du cache et associativité) sur la consommation d'énergie du système sur puce.

Nous nous sommes basés sur les travaux de [Zhang, C. et all, 03] qui ont démontré que le paramètre le plus important et dans l'ordre est la taille du cache, suivit de la taille de ligne, suivit de l'associativité. Donc, le paramètre qui a le plus d'impact sur l'énergie sera éventuellement le paramètre à régler en premier par l'heuristique.

L'heuristique de Zhang n'étant appliquée qu'à un seul niveau de cache dans une architecture monoprocesseur. Nous nous sommes inspirés des deux heuristiques, la première [Silva-Filho, A.G. et all, 06] étant déployée pour des architectures multiprocesseurs avec un seul niveau de cache ; et la seconde [Rawlins, M.et all, 11] pour les architectures à processeur unique avec deux niveaux de caches.

III.3 Réglage des paramètres : l'heuristique *TECH-CYCLES*

A chaque opération d'ajustement d'un paramètre du cache, l'heuristique *ICTT* fait appel à l'heuristique *TECH-CYCLES*. L'heuristique *TECH-CYCLES* détermine la meilleure configuration pour les caches L_1 et L_2 en suivant la démarche, décrit comme suit :

Nous définissons le domaine de valeurs pour chaque paramètre, l'ensemble des domaines constitue l'espace d'exploration:

- $s_2 \in [\text{MIN}s_2, \text{MAX}s_2]$: la taille du cache du niveau deux.
- $s_1 \in [\text{MIN}s_1, \text{MAX}s_1]$: la taille du cache du niveau un.
- $l_2 \in [\text{MIN}_{l_2}, \text{MAX}_{l_2}]$: la taille de la ligne du cache du niveau deux.

- $l_1 \in [\text{MIN}_{l1}, \text{MAX}_{l1}]$: la taille de la ligne du cache du niveau deux.
- $a_2 \in [\text{MIN}_{a2}, \text{MAX}_{a2}]$: l'associativité du cache du niveau deux.
- $a_1 \in [\text{MIN}_{a1}, \text{MAX}_{a1}]$: l'associativité du cache du niveau un.

L'ordre est important pour garantir le bon usage de l'heuristique. Comme le montre la figure 4.3, et de façon contiguë nous disposons chaque paramètre (par exemple taille du cache, s) par un ensemble de deux éléments (s_2, s_1) représentant les deux niveaux de cache avant de passer au suivant.

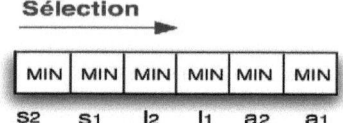

Figure 4.3. ConfCour à l'état initial.

Tous les paramètres sont initialisés à leurs valeurs MIN, de cette façon nous obtenons le vecteur appelé *ConfCour* {s_2, s_1, l_2, l_1, a_2, a_1} à l'état initial. Quand un paramètre varie, tous les autres restent fixes. Le réglage des paramètres est effectué de gauche à droite, en commençant du deuxième niveau puis le premier niveau.

Les paramètres initialisés avec la valeur MIN vont varier en incrémentant leurs valeurs avec un pas de (x 2) jusqu'à arriver à la borne MAX de l'intervalle (dans le cas opposé on fait une décrémentation). Le flot de l'exploration de l'architecture des caches est présenté par l'organigramme 4.1.

- L'heuristique commence par déterminer la meilleure taille du cache du second niveau en incrémentant (s_2) par un pas de (x 2). Le vecteur *ConfCour* représente un point de l'espace d'exploration en court d'analyse.

- Avant l'analyse de chaque nouvelle configuration, l'heuristique vérifie la cohérence de la hiérarchie des caches par exemple une configuration avec la valeur de s_1 supérieure à celle du s_2 sera éliminée. Dans le cas où *ConfCour* est correcte alors l'heuristique fait appel aux deux outils *McPAT* et *Multi2Sim* pour évaluer la configuration en termes d'énergie et de nombre de cycles nécessaires pour exécuter un intervalle, respectivement.

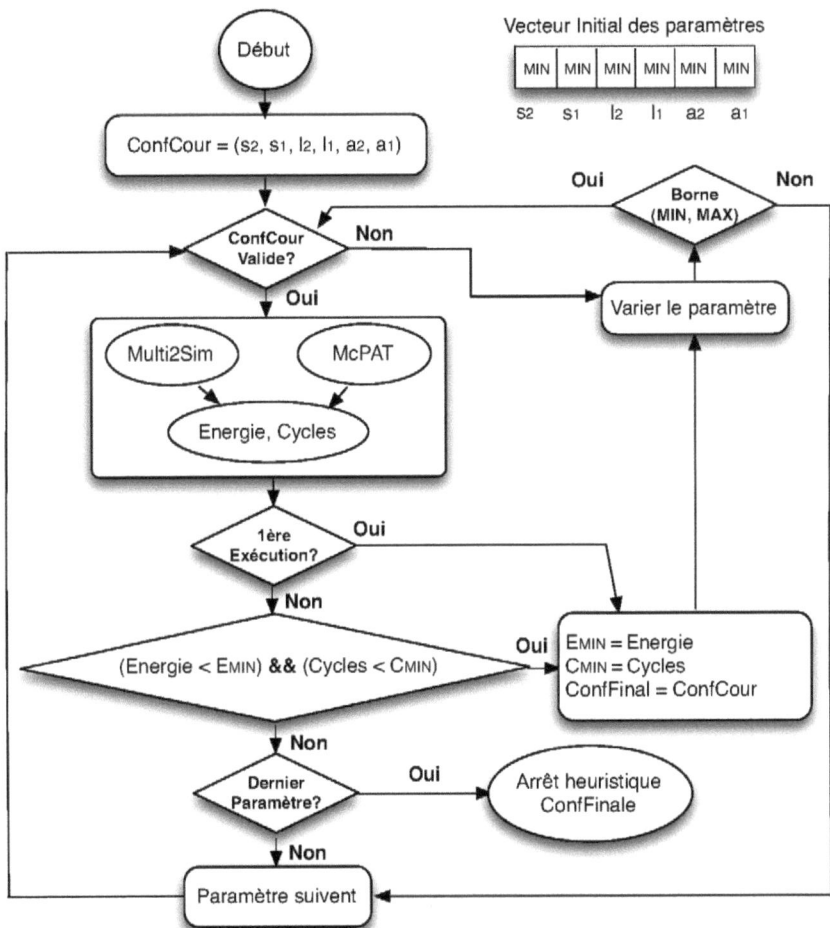

Organigramme 4.1. Technique d'ajustement des paramètres.

- Dans le cas où c'est la première exécution de l'heuristique, alors les résultats analysés de *ConfCour* sont sauvegardés dans E_{MIN} et C_{MIN}. Sinon, nous comparons les performances de la configuration précédente avec les performances de *ConfCour* (*Energie* et *Cycles*). Si nous obtenons une amélioration par rapport à la configuration précédemment parcouru, alors les nouvelles performances sont sauvegardées dans (E_{MIN}, C_{MIN}) et *ConfCour* est retenue comme meilleure configuration en court dans *ConfFinale*. La procédure passe au réglage du paramètre suivant quand n'y aura aucune amélioration des performances pendant l'ajustement du paramètre en cours ou que la borne MAX soit atteinte.

- Une fois la meilleure valeur déterminée pour la taille du cache du niveau deux, ce paramètre sera fixé à cette valeur dans *ConfCour*. L'exploration continue avec l'incrémentation de la taille du cache du niveau un (s_1) jusqu'à trouver la meilleure configuration.

Le même procédé est appliqué pour déterminer les meilleures valeurs pour les lignes l_2 et l_1 ainsi que l'associativité pour les deux niveaux de caches a_2 et a_1. L'heuristique s'arrête quand tous les paramètres seront explorés.

III.4 L'heuristique : *ICTT* (*Interval Cache Tuning Technique*)

ICTT est appliquée pour les deux niveaux de caches. Un cache de données de niveau un (L_1) et un cache de niveau deux (L_2) partagé entre les *cores*. Les deux caches sont reconfigurables en termes de : taille totale, taille de leurs lignes et l'associativité. Nous avons incorporé l'heuristique *TECH-CYCLES* [Silva-Filho, A.G. et all, 06] comme une opération particulière de l'heuristique *ICTT*. En effet, *TECH-CYCLES* permet d'ajuster les paramètres des caches L_1 et L_2 en tenant compte des deux métriques de mesures : *Energie* et nombre de *Cycles*. Le principe de fonctionnement de l'heuristique *ICTT* repose sur une exécution à base de conditions/actions. En d'autres termes, un réglage n'est effectué que si la configuration en cours d'analyse parvient à améliorer les performances (énergie et nombre de cycles). De ce fait, l'heuristique poursuit l'ajustement des autres paramètres du cache (ligne et associativité). Par cette mise en condition, un gain en temps de reconfiguration globale est obtenu. Comme illustré dans la figure 4.4, l'heuristique *ICTT* détermine la configuration finale des caches L_1 et L_2 en suivant le flot d'exécution, décrit comme suit :

- ***L'étape d'initialisation***, de façon générale les heuristiques démarrent l'exploration de l'espace des solutions à partir d'un point qui est choisit de façon aléatoire et qu'elles vont tenter d'améliorer au fur et à mesure jusqu'à arriver à une solution optimale ou proche de l'optimale. Dans notre cas, l'heuristique *ICTT* va tenter de démarrer l'exploration de l'espace de conception à partir d'un optimum qu'elle va chercher d'améliorer au cours du processus de recherche. Le but de cette étape étant de tenter de délimiter la zone contenant la solution optimale (ou proche de l'optimale). Ce qui va permettre une convergence rapide de l'heuristique.

- **Ajustement des paramètres (s_2) et (s_1)**, dans cette étape, l'heuristique effectue une tâche de réglage supplémentaire pour les tailles de caches (s_2) et (s_1), uniquement. Comme la taille du cache a le plus d'impact sur la consommation d'énergie. Le but par cette deuxième tentative de réglage est de vérifier le bon choix quant aux deux valeurs déterminées lors de l'initialisation indépendamment des deux paramètres taille de ligne (l_2, l_1) et de l'associativité (a_2, a_1) des deux niveaux de caches. Cet ajustement commence par le réglage de la taille du cache du deuxième niveau (s_2), suivit de la taille du cache du niveau un (s_1). L'ajustement décrémentera la valeur de chaque paramètre trouvée lors de l'étape d'initialisation par un pas de (x2) jusqu'à arriver à la borne MIN.

- **Condition 1**, cette étape évalue les résultats de l'ajustement des tailles des caches trouvées à l'étape précédente en termes d'énergie (nombre de cycles). Si l'étape de réglage de la taille fait diminuée l'énergie (nombre de cycles) [OUI], alors l'heuristique effectue un réglage final de la taille de ligne (l_2), suivit de (l_1) [Action 1], de la même manière l'associativité (a_2) suivit de (a_1) seront ajustés. Sinon [NON], une configuration supplémentaire générée à partir d'une modification apportée à la solution initiale (diviser la taille du cache en deux par exemple), sera testée [Action 2]. Le but de ce test supplémentaire est d'éviter de converger vers un optimum local et donc permet de changer de zone d'exploration.

- **Condition 2**, il s'agit de la dernière étape du processus d'exploration. Si la consommation d'énergie continue à diminuer ainsi que le nombre de cycles [OUI], l'heuristique effectue un dernier ajustement de la taille de ligne (l_2), suivit de (l_1); de la même manière l'associativité (a_2) suivit de (a_1) seront ajustés [Action 3]. Dans le cas contraire [NON], le procédé de réglage des caches arrive à son terme et aucun autre paramètre ne fera objet d'un ajustement. Ainsi, la meilleure configuration des caches est obtenue.

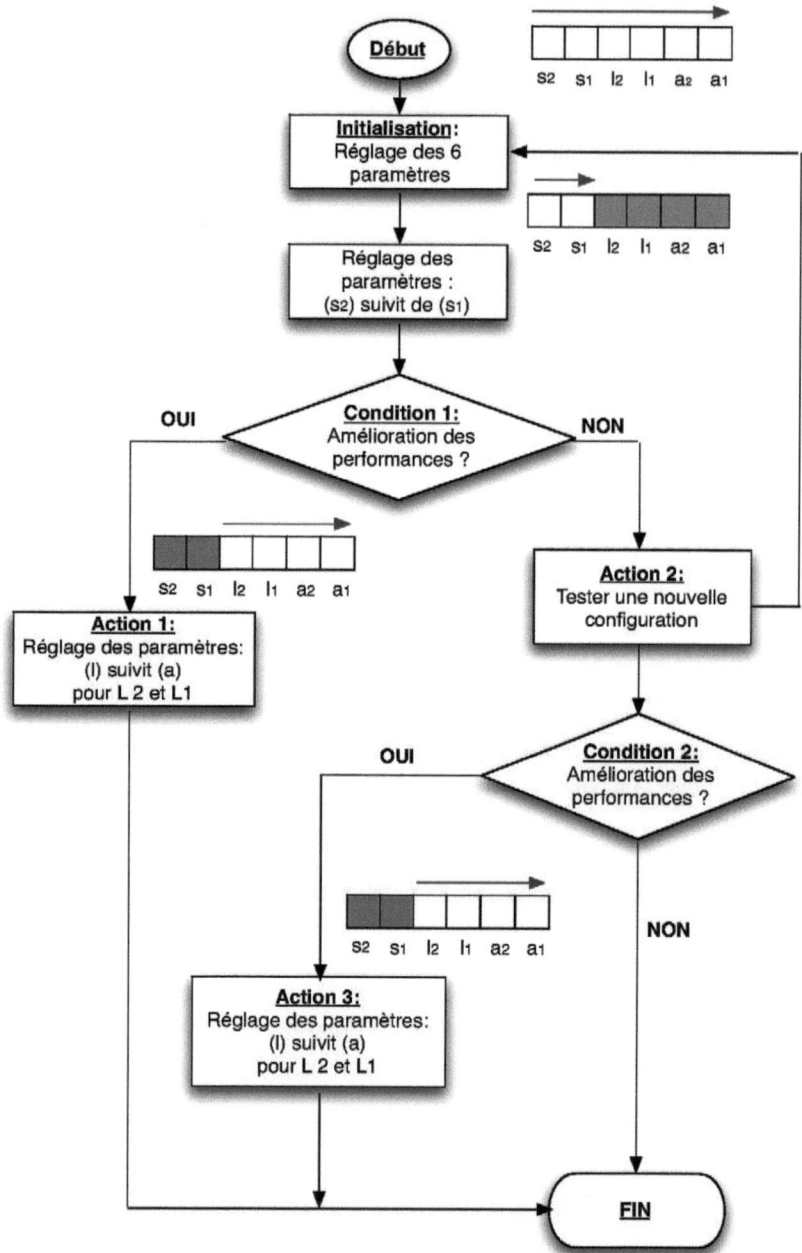

Figure 4.4. L'heuristique *ICTT*.

Donc, les critères d'arrêts de l'heuristique *ICTT* peuvent être récapitulés suivant deux cas:

- Le premier cas, après l'exécution des actions 1 ou 3 (figure 4), l'heuristique détermine une solution proche de l'optimale sans avoir terminé d'explorer tout l'espace de conception.

- Dans l'autre cas, l'heuristique n'arrive plus à trouver de nouvelles zones de recherche qui améliorent les performances (énergie et cycles) du système. Et donc, la solution obtenue est la configuration optimale.

IV. Intérêt de l'heuristique *ICTT*

L'avantage par l'utilisation de notre approche est sa rapidité d'exploration. Comme le montre tableau 4.1, le nombre de configurations explorées dans chaque intervalle d'exécution de l'application *Basic_math* de la famille des benchmarks *MiBench* [Guthaus, M.R et all, 01].

Comme nous pouvons le constater, les résultats montrent que l'heuristique *ICTT* explore en moyenne 8 configurations sur un ensemble de 486 configurations possibles ce qui équivaut à *1%* de l'espace d'exploration.

La raison, pour laquelle *ICTT* converge rapidement vers un optimum, est due principalement au fait que l'espace des configurations est été réduit dés le début de l'exploration puisque la recherche est cubique.

En d'autres termes, nous avons 6 paramètres à explorer, 3 paramètres pour le cache de niveau deux et les 3 autres pour le cache de niveau un, avec pour chaque paramètre 3 valeurs possibles. Donc nous avons $3\ (s_2) \times 3\ (s_1) \times 3\ (l_2) \times 3\ (l_1) \times 3\ (a_2) \times 3\ (a_1) \approx 729$ configurations possibles. A l'inverse d'une recherche exhaustive qui explore l'ensemble de l'espace (≈ 729 configurations), *ICTT* va parcourir au maximum $3\ (s_2) + 3\ (s_1) + 3\ (l_2) + 3\ (l_1) + 3\ (a_2) + 3\ (a_1) = 18$ configurations par étape d'exploration.

D'où l'impact de l'ordre définit pour les différents paramètres de *ConfCour* sur la convergence rapide vers un optimum en particulier et sur les performances de façon générale.

Des résultats plus détaillés de notre méthode d'adaptation seront présentés dans le chapitre suivant.

Numéro de l'intervalle	Nombre de configurations
1	19
2	8
3	10
4	8
5	8
6	8
7	8
8	8
9	8
10	8
11	10
12	10
13	10
14	8
15	9

Tableau 4.1. Nombre de configuration/intervalle pour l'application *basic_math*.

V. Conclusion

Nous venons de présenter l'approche *ICTT* qui permet de résoudre le problème de reconfiguration des caches multi-niveaux dans les architectures *multi-cores*. L'heuristique, s'appuie sur l'analyse des performances du système sur puce pendant l'exécution de l'application. Le choix d'une meilleure configuration se base sur la réduction de la consommation énergétique et du nombre de cycles nécessaires à l'exécution d'un intervalle dans une application donnée.

Réaliser une reconfiguration revient à définir une stratégie intelligente d'exploration de l'espace de conception. Cependant, pour développer une méthode efficace, nous sommes confrontés tout d'abord à la résolution du problème de l'espace d'exploration qui reste énorme.

La stratégie que nous avons définie est basée sur l'heuristique *TECH-CYCLES* qui définit un ordre spécifique pour la configuration en cours d'exploration en prenant en compte l'impact des paramètres du cache sur l'énergie.

Dans notre cas les résultats ont été positifs, puisque seulement 1% de l'espace de configuration est exploré par l'heuristique *ICTT* et permet dans la plupart des cas d'obtenir la meilleure configuration.

Quant au chapitre suivant nous tenterons d'expliquer la réalisation technique de notre approche qui se base sue une plate-forme de simulation dans laquelle nous intégrons l'heuristique *ICTT* ; pour obtenir un outil complet qui recherche la meilleure solution pour les caches dans une architecture *multi-cores* et de façon dynamique.

Chapitre 5
Outils et Implémentation: Multi2Sim/McPAT

« La Tout le monde peut innover, si sa vie en dépend. »
- De Akio Morita.

Sommaire

Chapitre 5 62
Outils et Implémentation: 62
Multi2Sim/McPAT 62
I. Introduction 63
II. Processus d'évaluation des performances : une vue d'ensemble 63
III. *Multi2Sim*: Modélisation et simulation du modèle d'architecture 65
    III.1 Terminologies 65
    III.2 Architecture Multi-cores/multi-caches basée sur *Multi2Sim* 67
    III.3 Fichier de spécification 67
    III.4 Rapports de statistiques de *Multi2Sim* 69
IV. *Multi2Sim/McPAT* : Intéraction 70
    IV.1. Exemple du processeur *ARM Cortex-A9* 71
    IV.2. Fichier d'entrée pour *McPAT* 72
    IV.3 Scripts de communication entre *Multi2Sim* et *McPAT* 73
    IV.4 Analyse du fichier de sortie Mulit2Sim/McPAT 74
V. Conclusion 75

I. Introduction

Souvent les designers sont confrontés à un défi assidu durant le processus de conception matérielle des systèmes embarqués qui est de savoir comment évaluer les décisions prises au début du flot de conception. Une approche très répandue dans le domaine est d'employer *la simulation détaillée par cycle* (Annexe A). Dans ce chapitre, nous présenterons dans un premier temps, la plate-forme *Multi2Sim* qui est basé sur une simulation par cycle précis, et ce afin d'estimer les performances de notre modèle d'architecture *multi-cores/multi-caches*. Nous mettrons par la suite en évidence un autre outil *McPAT* qui a servi aux calculs de la puissance consommée de notre système. L'idée de notre contribution est de réaliser un seul outil qui aide le designer à évaluer le modèle d'architecture en se basant sur les deux métriques : performance et puissance. Pour cela nous proposons une nouvelle implémentation qui fait interagir automatiquement *Multi2Sim et McPAT*.

II. Processus d'évaluation des performances : une vue d'ensemble

Nous présentons dans ce paragraphe, un aperçu sur le processus d'estimation des performances qui a servi à évaluer les configurations parcourues par l'heuristique *ICTT* (comme vue dans le précédent chapitre). Le processus, illustré par la figure 5.1 est expliqué comme suit:

- **La phase 1**, sur la base de modèles prédéfinis de la librairie *Multi2Sim* [Ubal, R. et all, 07], nous avons tout d'abord construit le modèle de notre architecture *multi-cores* avec deux niveaux de caches mémoire. Le modèle est édité dans un fichier de spécification qui servira d'entrée à l'outil *Multi2Sim*. Afin de reproduire le comportement du système sur puce, il est nécessaire d'exécuter un programme test simulant l'application embarquée qui s'exécute sur une architecture *multi-cores /multi-caches*.

La phase 2, consiste en la création de tous les paramètres architecturaux du système *multi-cores* à partir du fichier de spécification (définit à l'étape 1). Ensuite, le noyau simulant le processeur, va exécuter l'application instruction par instruction. En sortie deux rapports qui reflètent le fonctionnement des différents composants sont générés. Le premier dédié au processeur (*cores*, *threads*, ...) et le second à la hiérarchie mémoire (les caches de données et d'instructions du niveau un, le cache L2, la mémoire centrale.

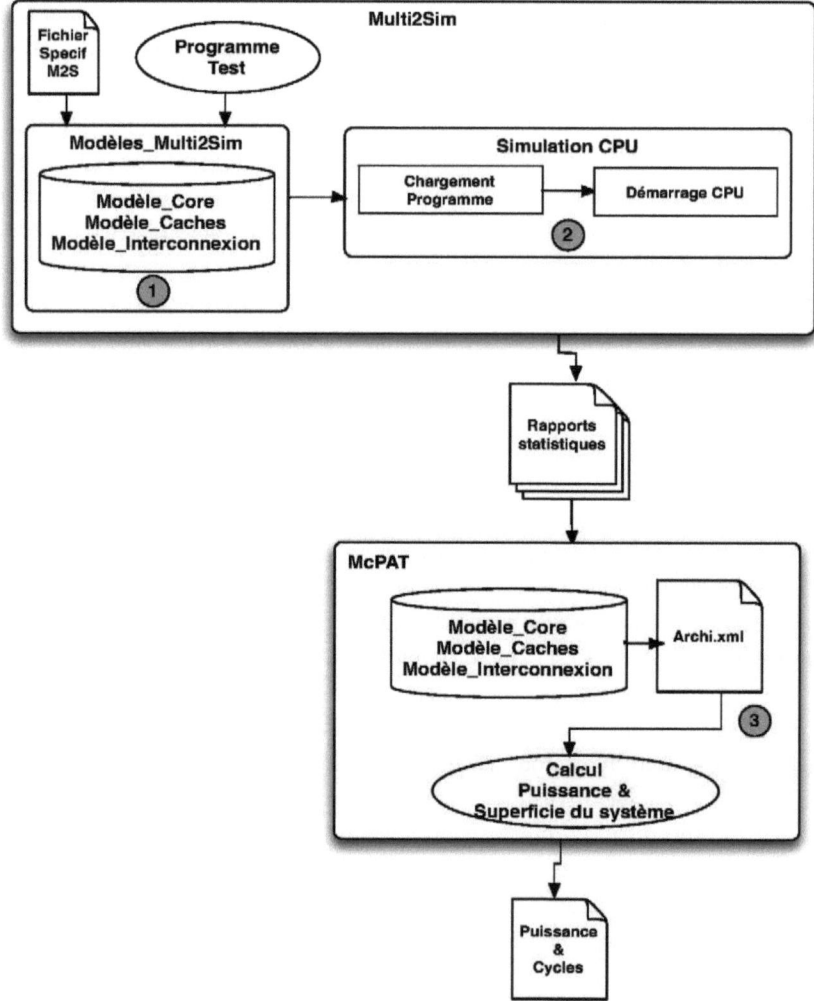

Figure 5.1. Processus d'évaluation des performances des Caches.
Étape 1: Entrées de *Multi2Sim*:= fichier de spécification + programme test,
Étape 2: Création de l'architecture +chargement de l'application => génération des rapports statistiques, **Étape 3** Génération du fichier d'architecture et estimation de la consommation en puissance par l'outil *McPAT*.

- ***La phase 3***, collecte toutes les statistiques des rapports qui servent à alimenter le fichier d'entrée de l'outil d'estimation de puissance *McPAT* [Li, S., et all, 13].

Enfin le processus est répété pour chaque nouvelle configuration explorée par l'heuristique *ICTT*. Les paragraphes suivants, vont nous permettre de détailler toutes ces étapes.

III. *Multi2Sim* : Modélisation et simulation du modèle d'architecture

Avant d'expliquer comment nous modélisons notre architecture *multi-cores*, il nous semble important de délimiter les termes relatifs à tout modèle d'architecture définit avec *Multi2Sim*.

III.1 Terminologies

- Un ***contexte (ctx-0, ctx-1, ...)***, représente le programme exécuté par le processeur. Dans le cas d'un programme parallèle, le simulateur divise le code en plusieurs processus s'exécutant simultanément, où chaque processus représentant un *contexte*, est affecté à un *core*. L'ordonnancement des différents contextes est assuré par *Multi2Sim*, dès qu'un *core* se libère alors un nouveau contexte lui est affecté.

- Un ***core (c-0, c-1, ...)***, peut être composé d'un ou plusieurs ***threads (t-0, t-1, ...)***, chaque thread possède ses propres registres (*RAT*, *TLB*,). Ce qui permet une meilleure gestion des ressources en garantissant un traitement parallèle des données. Par exemple un *core* à quatre threads, peut exécuter quatre processus simultanément. En d'autres termes, la notion de processus n'est pas gérée uniquement d'une façon logicielle (par exemple, en utilisant les librairies, *OpenMP*, ou *POSIX*), aussi l'existence de techniques matérielles implémentées (thread) à l'intérieur du *core* permet la gestion du parallélisme.

- Un ***nœud*** de traitement ***(node-0, node-1, ...)*** est l'entité matérielle minimale requise pour stocker et exécuter un contexte. Dans le cas d'un processeur *multithread (c0-t0, c0-t1, ...)* chaque thread est un nœud de traitement. De même, dans un processeur *multi-cores/mono-thread (c0-t0, c1-t0, ...)* où chaque *core* est considéré comme un nœud de traitement. Dans un processeur multi-cores/multi-threads *(c0-t0, c0-t1, ...)* chaque combinaison de type *(c0-t0)* est considérée comme nœud de calcul. De façon générale, un processeur à *c-cores* et *t*- threads possède (*c* x *t)* nœuds de traitements et peut exécuter (*c* x *t*) contextes simultanément.

Dans le tableau 5.1, nous résumons les principaux modèles dont *Multi2Sim* y dispose, à savoir les modèles pour le(s) *core(s)*, la hiérarchie mémoire et les réseaux d'interconnexions.

Modèles	Descriptions
Processeur(s)/core(s)	• Le(s) core(s) peuvent être mono-thread ou multi-threads. • Les ressources du pipeline peuvent être privées/ partagées entre les threads.
Hiérarchie mémoire	• L1 et L2 peuvent être privés/partagées entre les threads ou privé/partagés entre les *cores*. • *MOESI snoopy*, un protocole utilisé pour la cohérence des caches et la mémoire principale.
Réseaux d'interconnexions	• Communication simple de topologie bus. • Topologie paire à paire (*P2P*).

Tableau 5.1. Modèles *Multi2Sim*.

Comme nous pouvons le constaté, le designer peut définir son modèle d'architecture selon ses besoins. Pour le processeur il peut être *mono*-processeur ou *multi-cores, mono/multi-thread(s)*. Les unités fonctionnelles nécessaires à l'exécution d'un programme peuvent être privées/ partagées entre les threads.

Pour la configuration de la hiérarchie mémoire, le concepteur peut définir plusieurs niveaux de caches L_1 et L_2 et une mémoire centrale. Les caches peuvent être privés/partagés entre les threads ou privés/partagés entre les *cores*. La gestion de la cohérence des données au sein des caches est assurée par le protocole *MOESI* en cas de remplacement des données.

Enfin, les éléments de la hiérarchie mémoire (caches + mémoire principale) sont connectés entre eux via des réseaux d'interconnexions, qui peuvent être définis en bus ou en pair à pair (*P2P*). Ce qui nous permet d'avancer, que l'outil *Multi2Sim,* permet de spécifier des architectures homogènes/hétérogènes, *multi-cores/multithreads* sur puce. Le concepteur peut paramétrer et alimenter des modèles prédéfinis pour créer sa propre architecture matérielle.

III.2 Architecture *multi-cores/multi-caches* basée sur *Multi2Sim*

En se basant sur les définitions de la section précédente, la figure 5.2 présente notre modèle d'architecture *multi-cores* à deux niveaux de caches.

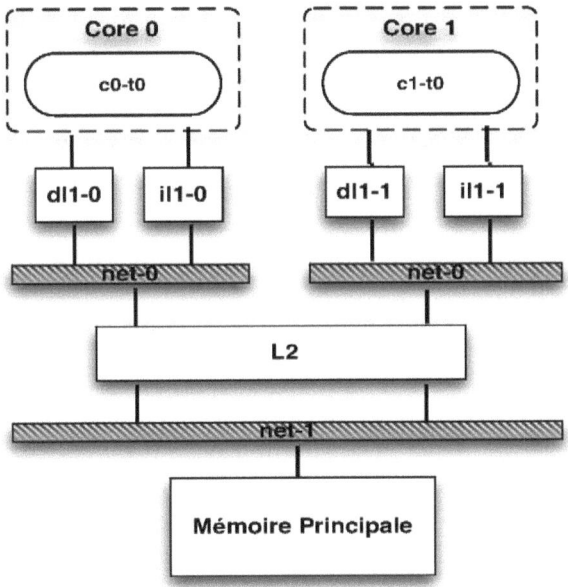

Figure 5.2. Architecture *multi-cores* à deux niveaux de caches.

Notre modèle d'architecture est composé de deux *cores*, *"core 0"* et *"core 1"* avec un thread chacun *"c0-t0"* et *"c1-t0"*. A chaque thread est associé à un cache privé de données *"dl1"* et un cache privé d'instructions *"il1"*. En revanche, le cache de niveau deux est partagé entre les deux *cores*.

Aussi, les éléments de la hiérarchie mémoire niveaux sont reliés entre eux via des réseaux d'interconnexions de type *Bus "net"*. Donc, dans ce type d'architecture nous avons deux nœuds de traitements *"node-0"* et *"node-1"* et nous pouvons donc exécuter deux *contextes* simultanément.

III.3 Fichier de spécification

La figure 5.3 donne un aperçu du fichier de spécification de l'architecture décrite plus haut (figure 5.2). C'est un fichier à base de balises, où chaque balise définie un composant matériel dans l'architecture.

```
1   [CacheGeometry l1]              34   [MainMemory]
2       Sets= 128                    35       HiNet= net-1
3       Assoc= 2                     36       BlockSize= 64
4       BlockSize= 32                37       Latency= 200
5       Policy= LRU                  38       ......
6       Latency= 2                   42   [Node Node0/0]
    ......                           43       Core= 0
13  [Net net-0]                      44       Thread= 0
14      Topology= BUS                45       Icache= il1-0
15      LinkWidth= 32                46       Dcache= dl1-0
    ......                           47       ......
18  [Cache dl1-0]
19      Geometry= l1
20      LoNet= net-0
    ......
```

Figure 5.3. Fichier de spécification.

- A la ligne (1), la section *[CacheGeometry <nom>]* définie l'organisation physique des caches de niveau un, en termes de nombre d'entrées *"Sets"*, d'associativité *"Assoc"* et de taille de ligne *"BlockSize"*.

- A la ligne (13), la section délimitée par *[Net <nom>]*, définie le réseau d'interconnexion. Dans notre cas, deux connecteurs sont créés servant à lier les éléments de la hiérarchie mémoire, *"net-0"* et *"net-1"*, respectivement. Les deux interconnexions sont définies avec une topologie de bus d'une largeur de 32 octets chacun.

- A la ligne (18), la section intitulée *[Cache <nom>]* crée les caches, de même la section *[MainMemory]* de la ligne (34), définie les principaux paramètres de la mémoire centrale. Dans notre cas, la mémoire principale est reliée au connecteur *"net-1"*, et la taille de bloc est de 64 octets.

- Enfin, à la ligne (42), la section *[Node <nom>]* définie le nombre de nœuds de calculs. Dans notre cas, chaque nœud correspond à un *core* (ligne 43) et donc deux contextes peuvent être exécutés simultanément sur le processeur dual-cores. Deux caches de données et d'instructions assignés par les variables *"ICache"* (ligne *45*) et *"DCache"* (ligne 46) sont dédiés à chaque nœud de traitement

III.4 Rapports de statistiques de *Multi2Sim*

Enfin d'exécution de l'application, *Multi2Sim* génère deux rapports de statistiques (figure 5.4). Un rapport sur les statistiques d'usage des différents *cores*. Le second rapport contient toutes les informations sur le comportement de la hiérarchie mémoire durant l'exécution de l'application.

```
1  ;
2  ;Statistiques CPU
3  [ Global ]
4  Cycles = 7659
5  CyclesPerSecond = 208772
6  MemoryUsed = 9019392
7  .....
13 ; Statistiques pour core 0
14 [ c0 ]
15 .....
18 [ c1 ]
19 .....
```
(a)

```
1  ;
2  ;Statistiques caches, TLB,
3  ; Mémoire centrale
3  [ 12 ]
4  Accesses = 334
5  Hits = 281
6  Misses = 53
7  HitRatio = 0.8413
8  Evictions = 0
9  .....
13 [ dl1-0 ]
14 .....
18 [ il-0 ]
19 .....
```
(b)

Figure 5.4. Rapports de statistiques: **(a)** rapport-cpu et **(b)** rapport-cache.

a) Comme illustré sur la figure 5.4.(a), les résultats des différents *cores* sont regroupés selon des sections :

- la section *[Global]*, à la ligne (3) : résume les statistiques clés pour l'ensemble des *cores*. Nous trouvons essentiellement les informations utiles comme : le nombre de cycles total.
- la section *[c0]*, à la ligne (14) : contient les résultats de simulation du *"core0"*, tandis qu'à la ligne (18), délimité par la balise *[c1]* comporte les statistiques correspondant au *"core1"*.

b) Quant au fichier *rapport-cache* de la figure 5.4.(b), contient toutes les statistiques d'usage concernant le comportement les caches, les buffers *TLB* et la mémoire centrale. Pour chacun de ces composants sont indiquées les informations suivantes :

- *Accesses* à la ligne (4) : indique le nombre d'accès au cache.

- *Hits, Misses* des les lignes (5) et (6) : indiquent respectivement le nombre de succès et échecs sur le cache. Leur sommation donne le nombre d'accès total au cache.
- *HitRatio* à la ligne (7) : présente le nombre de succès sur le cache divisé par le nombre d'accès au cache. Ce qui donne une métrique du taux de succès sur le cache.
- Et enfin *Evictions* à la ligne (8) : montre le nombre de remplacements de blocs au sein du cache.

IV. *Multi2Sim/McPAT* : Interaction

Le deuxième outil que nous avons utilisé est *McPAT*. La plate-forme *McPAT* permet la modélisation et l'estimation de la puissance consommée des systèmes sur puce ; car en s'appuyant sur les modèles de l'outil *CACTI* [Shivakumar, P., et all, 01] pour le calcul de la puissance et de la superficie de la puce.

Dans le présent travail, nous avons combiné les fonctionnalités du simulateur *Multi2Sim* aux modèles de calculs de la puissance et de la superficie de l'outil *McPAT*. Notre but étant de proposer un seul outil qui génère toutes les métriques de performances (comme le nombre de *hits*, *miss*, *cycles*, puissance consommée, superficie) du système sur puce et d'une façon transparente à l'utilisateur (figure 5.5).

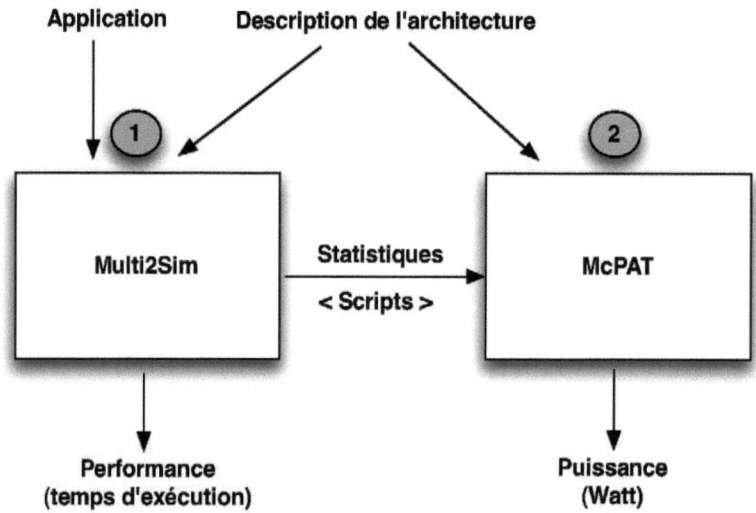

Figure 5.5. *Multi2Sim/McPAT.*

Pour cela, nous exécutons *Multi2Sim* afin d'obtenir les deux rapports de statistiques générés à partir de l'exécution de l'application sur l'architecture définie en entrée. Une fois ces statistiques obtenues, des scripts sont lancés afin de créer le fichier d'entrée pour *McPAT*.

Le traitement de ces scripts consistera à faire des fouilles dans les rapports statistiques de *Multi2Sim,* dans le but d'extraire les paramètres architecturaux et statistiques qui serviront à alimenter le modèle d'architecture de *McPAT*.

En sortie, *McPAT* calcule la puissance consommée et la superficie pour chaque composant de l'architecture. Enfin, nous calculons l'énergie du système en multipliant la puissance consommée par le nombre de cycles obtenu par *Multi2Sim*. C'est deux métriques serviront au processus d'exploration des configurations.

IV.1. Exemple du processeur *ARM Cortex-A9*

Définir le modèle d'architecture pour *Multi2Sim*, ne demande pas de détails sur la microarchitecture du processeur comme le pipeline, la fréquence du *core* ou encore la technologie des transistors.

Pour alimenter le modèle d'architecture du fichier d'entrée de *McPAT*, il est exigé plus de détails sur la microarchitecture du processeur. Nous avons choisi d'étudier le processeur *ARM Cortex-A9*, répondant plus exactement à nos besoins de modélisation. Nous récapitulons les principales caractéristiques du processeur *ARM Cortex-A9,* comme suit (tableau 5.2):

Paramètre	Instructions par cycle	Profondeur du pipeline	Exécution out-of-order	Finesse de gravure	Nombre de cores	Fréquence	DMIPS/MHz
Valeur	2	8	Oui	32/45 nm	1-4	600-2000 MHz	2.5

Tableau 5.2. Principales caractéristiques du processeur modélisé [2].

Très répandu dans le marché des tablettes et des Smartphones, l'*ARM Cortex -A9* est un microprocesseur appartenant à la famille *ARM*. Il est basé sur 2 *cores* cadencés chacun à 1,5 GHz et gravés en 32 nm. Ce processeur possède un jeu d'instructions *ARMv7-A* avec un pipeline *superscalaire* permettant une exécution *out-of-order*.

IV.2. Fichier d'entrée pour *McPAT*

La figure 5.6 présente un extrait du fichier d'entrée *XML* spécifiant l'architecture et les statistiques d'usage du cache de données du premier niveau :

- Les lignes (4) et (5) commençant par les attributs <*param*> dans cet exemple, définissent l'organisation physique de la mémoire cache et du buffer qui lui est dédiée.

- Les lignes (15-20) délimitées avec les balises <*stat*> désignent les statistiques d'usage du cache de donnée "*dcache*". Ces statistiques sont générées à partir de *Multi2Sim* comme expliqué précédemment.

- Par exemple, la variable "*read_accesses*" à ligne (16), indique le nombre d'accès au cache pour une opération de lecture.

- De même, "*write_accesses*" à ligne (17) représente le nombre d'accès au cache pour une opération d'écriture.

En analysant ces données, *McPAT* peut estimer la superficie et la puissance dynamique consommée par le système lors de l'exécution d'une application donnée. Dans la section suivante, nous détaillerons les scripts qui ont servi à générer automatiquement le fichier d'entrée pour *McPAT* et au calcul de l'énergie consommée.

```
1   <!-- configuration du cache de données -->
2   <component id="system.core0.dcache" name="dcache">
3           <!- organisation du cache et du buffer -->
4           <param name="dcache_config" value="8192,16,4,1,1,3,16,0"/>
5           <param name="buffer_sizes" value="16, 16, 16, 16"/>
    .....
15          <!- Statistiques générées par Multi2Sim -->
16          <stat name="read_accesses" value="200000"/>
17          <stat name="write_accesses" value="27276"/>
18          <stat name="read_misses" value="1632"/>
19          <stat name="write_misses" value="183"/>
20          <stat name="conflicts" value= "0"/>
21  </component>
```

Figure 5.6. Extrait du fichier d'entrée de *McPAT*.

IV.3 Scripts de communication entre *Multi2Sim* et *McPAT*

Les modèles d'architectures fournis par *McPAT* et *Multi2Sim* ne sont pas identiques. Dès lors, nous avons développé plusieurs scripts (figure 5.7) qui vont jouer le rôle d'interface permettant de faire interagir *Multi2Sim* et *McPAT* d'une façon transparente à l'utilisateur.

```
1  /*Procédure de calcul d'énergie*/
2  void energy_estimation(FILE*cpu_report, FILE*caches_report, FILE*archi_model) {
3
4     /*Déclaration des variables */
5     FILE* input_mcpat, output_mcpat;
7     int cycles;
8     double power, energy;
9
10    /*Génération des rapports de statistiques*/
11    void concatenate(cpu_report, caches_report);
12
13    /*Génération du fichier d'entrée pour McPAT*/
14    input_mcpat = script_input(stat_report, archi_model);
15
16    /*Appel de l'outil McPAT*/
17    system(. / mcpat input_mcpat > mcpat_out);
18
19    /*Extraction du nombre de Cycles et Power du fichier de sortie*/
20    cycles = extract("Cycles", mcpat_out);
21    power = extract("RuntimeDynamic", mcpat_out);
22
23    /*Calcul d'énergie*/
24    energy = energy_estimation(Cycles, power);
25  } /*Fin de la procédure de calcul d'énergie*/
```

Figure 5.7. Les scripts de communications *Multi2Sim/McPAT* (Annexe C).

En effet, nous nous sommes basés sur le tableau (donné en Annexe B) pour faire la correspondance entre les deux outils.

- Comme indiqué à la ligne (14), la fonction « *script_input()* » va extraire des informations à partir des rapports «*cpu_report*» et « *cache_report* » de types:
  - Les statistiques d'usage des ressources matérielles: *cores, cache dl1, cache il1, cache L2,...*etc.
  - Les paramètres architecturaux comme : le nombre de *cores*, la fréquence *CPU* et la technologie des transistors afin d'alimenter le fichier d'entrée pour *McPAT*.

- Ensuite, via l'instruction *system* le script lance l'exécution de *McPAT* à la ligne (17) afin d'estimer la puissance consommée par le système en utilisant les modèles de calculs de puissance.

- En fin de procédure (lignes : 20-24) l'énergie est calculée, à partir des deux métriques cycles et puissances extraites du fichier de sortie « *mcpat_out*».

IV.4 Analyse du fichier de sortie *Mulit2Sim/McPAT*

McPAT calcule la superficie du processeur ainsi que les puissances statiques et dynamiques consommées (figure 5.8), ceux-ci pour chaque élément de l'architecture tels que les *cores* à ligne (10), les caches des différents niveaux comme le cache L2 indiqué à la ligne (18).

Nous nous intéressons tout en particulier à la puissance dynamique délimitée par le mot clé *RuntimeDynamic* afin de calculer l'énergie consommée pour chaque élément appartenant au système sur puce.

```
1  Processor:
2   Area = 137.579 mm^2
3   Peak Power = 42.7347 W
4   Total Leakage = 15.0955 W
5   Peak Dynamic = 27.6392 W
6   Subthreshold Leakage = 14.0642 W
7   Gate Leakage = 1.0313 W
8   Runtime Dynamic = 1.24781 W
9
10  Total Cores: 2 cores
11   Device Type= ITRS high performance device type
12   Area = 100.037 mm^2
13   Peak Dynamic = 21.4 W
14   Subthreshold Leakage = 13.5917 W
15   Gate Leakage = 0.995724 W
16   Runtime Dynamic = 1.11013 W
17
18  Total L2s:
19   Device Type= ITRS low standby power device type
20   Area = 31.0891 mm^2
21   Peak Dynamic = 1.79739 W
22   Subthreshold Leakage = 0.00207967 W
23   Gate Leakage = 4.88675e-05 W
24   Runtime Dynamic = 0.0352824 W
25
******************************************
```

Figure 5.8. Le fichier de sortie *Mulit2Sim/McPAT*.

V. Conclusion

Dans ce chapitre, nous avons présenté deux outils *Multi2Sim* et *McPAT* servant à la modélisation et l'estimation des performances des architectures *multi-cores/multi-caches*.

Le principal problème quant à l'usage de ces outils réside au niveau des modèles d'architectures qui sont complètement différents, chacun y possédant sa propre façon de spécifier son architecture. Ce qui rend difficile le paramétrage de chaque outil et ceux-ci pour chaque nouvelle exécution d'une configuration avec le risque d'erreur quant au remplissage manuel des fichiers d'entrées. Opération quasi impossible à faire vu que l'espace des configurations possibles des caches reste énorme en plus du nombre d'application à tester qui rend le problème du réglage des outils encore complexe.

Pour contourner cette difficulté, nous avons tenté dans le présent travail d'ajouter un module qui permet d'interpréter les fichiers de sorties de *Multi2Sim* dans un langage compris par *McPAT*. Le but de notre démarche consiste à générer automatiquement le fichier d'entrée de *McPAT* et de façon transparente à l'utilisateur de l'outil *Multi2Sim/McPAT*. Pour cela divers scripts ont été développés aidant à rendre efficace le processus d'évaluation des architectures *multi-cores/multi-caches*.

Chapitre 6
Résultats expérimentaux

« L'espérance ne mène à rien, mais la persévérance mène au droit chemin. »

-De Jean-François Morin.

Sommaire

Chapitre 6 76
Résultats expérimentaux 76
   I. Introduction 77
   II. Conduite de l'expérimentation 77
   III. Etude préliminaire 79
   IV. Résultats et analyse de l'heuristique *ICTT* 81
   V. Etude comparative entre *ICTT* et la recherche exhaustive (*RE*) 84
   VI. Conclusion 85

I. Introduction

Dans ce chapitre, nous présentons les résultats expérimentaux quant à l'application de l'heuristique *ICTT* pour résoudre le problème de reconfiguration des caches dans une architecture *multi-cores*.

Nous avons validé notre démarche de reconfiguration des caches en utilisant 13 benchmarks de la famille *SpecCPU2006* et *MiBench*.

Nous montrons l'efficacité de notre approche à converger rapidement vers un optimum. En effet seulement 1% de l'espace de conception est nécessaire pour trouver la meilleure configuration des caches. Un autre résultat enregistré est que le taux de réussite à trouver l'optimum est estimé à environ 60%, plusieurs expérimentations et comparaisons affermiront ces résultats.

II. Conduite de l'expérimentation

Avant d'expliquer les résultats obtenus par la méthode *ICTT*, il est important de présenter les conditions d'expérimentation dans lesquelles l'heuristique a été appliquée.

Rappelons que l'architecture étudiée est composée de deux *cores* gravés en 65nµ ; avec un cache de données de niveau un (L_1) et un cache de niveau deux (L_2) partagé entre les *cores*. Les deux caches sont reconfigurables en termes de taille totale, taille de leurs lignes et l'associativité. Nous définissons le domaine de valeurs pour chaque paramètre, comme suit :

- $s_2 \in$ [16Ko, 64Ko] : la taille du cache du niveau deux.
- $s_1 \in$ [2Ko, 8Ko] :la taille du cache du niveau un.
- $l_2 \in$ [16o, 64o] :la taille de la ligne du cache du niveau deux.
- $l_1 \in$ [16o, 64o] :la taille de la ligne du cache du niveau deux.
- $a_2 \in$ [1, 4] :l'associativité du cache du niveau deux.
- $a_1 \in$ [1, 4] :l'associativité du cache du niveau un.

L'ensemble de tous ces domaines définit l'espace d'exploration, comme montré dans le tableau 6.1 :

Paramètres	Cache niveau 1 (Données)	Cache niveau 2 (Unifié)	Nombre de config/paramètre	Nombre total de configurations
Taille de cache (s)	2Ko, 4Ko, 8Ko	16Ko, 32Ko, 64Ko	3 x 3 = 9	/
Taille de ligne (l)	16o, 32o, 64o	16o, 32o, 64o	3 x 3 = 9	/
Associativité (a)	1, 2, 4	1, 2, 4	3 x 3 = 9	9 x 9 x 9 = 729

Tableau 6.1. Espace de conception.

En d'autres termes pour calculer l'espace de conception, nous avons 6 paramètres en tout pour les deux caches : 3 paramètres pour le cache de niveau un ($2^{\text{ème}}$ colonne) et les 3 autres pour le cache de niveau deux ($3^{\text{ème}}$ colonne).

Chaque paramètre à la possibilité de prendre 3 valeurs possibles dans son domaine de définition. Par exemple si on prend la $2^{\text{ème}}$ ligne, $2^{\text{ème}}$ colonne, le paramètre taille du cache du L_1 peut varier de 2 Ko à 8 Ko.

Donc nous avons : $(|s_2| \times |s_1|) \times (|l_2| \times |l_1|) \times (|a_2| \times |a_1|) \approx$ 729 configurations possibles. Néanmoins, dans notre expérimentation, certaines configurations ne sont pas acceptées par l'outil Multi2Sim/McPAT, par exemple les configurations dont la taille de ligne s_2 est inférieure à la taille de ligne de s_1 sont considérées comme invalides, ce qui réduit le nombre de configurations à 486.

L'utilisation des benchmarks est une technique connue pour évaluer les performances d'un système. Nous avons choisi les applications de la famille *SpecCPU2006* [1] et *MiBench* [Guthaus, M.R. et all, 01].

Les applications sont sélectionnées à partir de quatre domaines: de calculs mathématiques, des réseaux, du traitement d'images, et de la sécurité. Le tableau 6.2 donne un aperçu sur les différents benchmarks avec leurs descriptions.

Dans la section suivante, nous présentons une étude préliminaire visant à valider le modèle d'architecture matérielle quant à la cohérence de la hiérarchie mémoire.

Application	Description
Qsort	Tri récursif d'une liste en entrée
Basicmath	Calculs mathématiques
Bitcount	Compte le nombre de bits à 1 dans un argument en entrée
Lu	Résolution de système d'équations quadratiques
Cholesky	Résoudre un système d'équations linéaires
Gcc	Compilateur du langage C
Dijkstra	Algorithme de recherche du plus court chemin
Jpeg	Compression d'images (encodage/décodage)
Radiosity	Traitement d'images
Susan	Traitement d'image
Blowfish	Algorithme de chiffrement (Cryptographie)
Rijndael	Algorithme de chiffrement avancé
SHA	Algorithme de hachage cryptographique

Tableau 6.2. Benchmarks.

III. Étude préliminaire

Dans cette première expérimentation, nous analysons l'impact du paramètre taille du cache de premier niveau sur la consommation d'énergie (l'axe des Y). Nous procédons en faisant varier la taille du cache L_1 (l'axe des X) en fixant la taille du L_2 à 256 Ko, le programme test utilisé pour valider les résultats est le benchmark *Sha* (figure 6.1).

Nous remarquons que plus nous augmentons la taille du cache du L_1 ; plus la consommation énergétique augmente; cette augmentation est expliquée par le nombre d'accès au cache qui s'accroit avec une taille plus importante. Dans ce cas, plusieurs parcours sont nécessaires pour trouver la donnée recherchée. De plus, une taille de cache plus grande affecte directement le taux de défaut sur le cache.

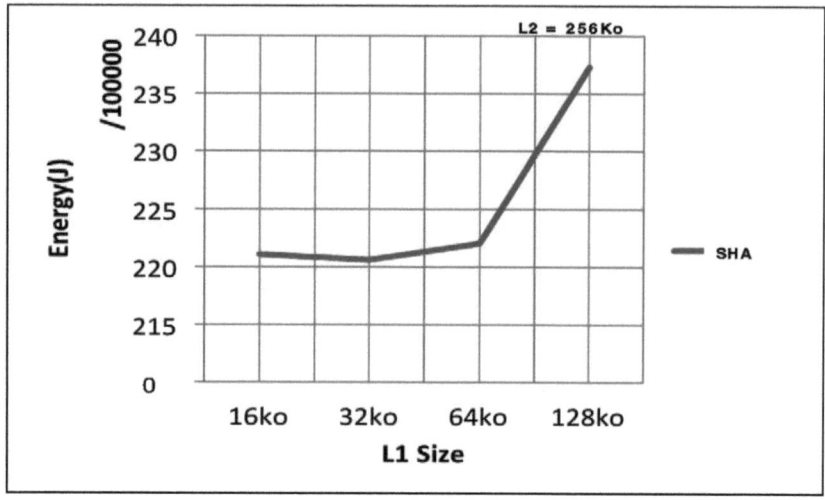

Figure 6.1. Impact de la taille du cache sur l'énergie (Appli.*SHA*).

Ainsi, Augmenter la taille du cache implique également la réduction du taux de défauts sur le cache et vice versa. Augmenter la taille du cache améliore forcément les performances, par conséquent il fait augmenter considérablement la dissipation de l'énergie. Il est donc très important de maintenir le taux d'échecs sur le cache aussi bas que possible, car il influe directement sur la consommation en énergie.

Cette première expérience a comme principal objectif de valider l'architecture matérielle simulée en termes de cohérence de la hiérarchie mémoire. En effet, en augmentant la taille du cache nous obtenons une dégradation des performances en termes de consommation énergétique.

Dans la seconde série d'expériences, nous appliquons notre heuristique à un ensemble d'applications afin de démontrer la rapidité de convergence de notre approche à trouver la meilleure configuration des caches dans une architecture *multi-cores*.

IV. Résultats et analyse de l'heuristique *ICTT*

Dans un système embarqué, l'application passe par des phases au cours de son exécution, où chaque phase requiert des besoins différents en caches mémoire. Et donc, dans le but d'étudier le comportement des applications, nous avons divisé l'exécution de l'application en plusieurs intervalles de taille fixe en nombre d'instructions.

La difficulté à laquelle nous sommes confrontés par la prise en compte de la taille de l'intervalle comme paramètre supplémentaire au processus de réglage des caches ; est le risque d'avoir une dégradation des performances du système.

Ainsi, si la taille de l'intervalle d'exécution est grande, des configurations optimales peuvent être loupées. Dans le cas contraire, si la taille de l'intervalle est petite ce qui va impliquer des reconfigurations rapprochées à faire alors que si nous gardons par exemple la même configuration pendant deux intervalles successifs nous améliorons les performances globales du système.

Étant donné qu'à chaque reconfiguration lancée nous avons une consommation supplémentaire en énergie et en temps. Ce qui va s'ajouter à la consommation totale d'énergie du système sur puce (de même pour le temps totale d'exécution de l'application). Il est donc, important de définir un bon découpage de l'exécution de l'application en nombre d'intervalles.

Pour simuler la reconfiguration dans *Multi2sim/McPAT,* nous avons opté après plusieurs expérimentations pour une valeur fixe d'instructionsde $\Delta\ inst = 1000.000$ d'instructions, qui est équivalente à environ 500.000 cycles CPU. Et donc, pour chaque nouvel intervalle, l'heuristique *ICTT* est appliquée afin de trouver la meilleure configuration des caches en termes de consommation d'énergie et nombre de cycles nécessaires à l'exécution d'un intervalle.

La figure 6.2 montre comment *ICTT* détermine la meilleure configuration pour chacune des applications de calculs mathématiques {*basicmath_large* (en bleu), *bitcount_large* (en rouge), *qsort_large* (en vert)}. L'axe des X présente les différents intervalles et l'axe des Y montre la consommation en énergie en *nj*. Cette expérimentation prouve l'efficacité de l'algorithme *ICTT* en termes de rapidité de convergence.

En effet, les 3 applications, convergent après deux intervalles pour trouver la meilleure configuration des caches. Par exemple l'application *bitcount_large* converge vers la configuration C_{484}, de même *qsort_large* converge à la solution C_{485} et *basicmath_large* converge vers la configuration optimale C_{89}, l'heuristique converge après cinq intervalles de réglage.

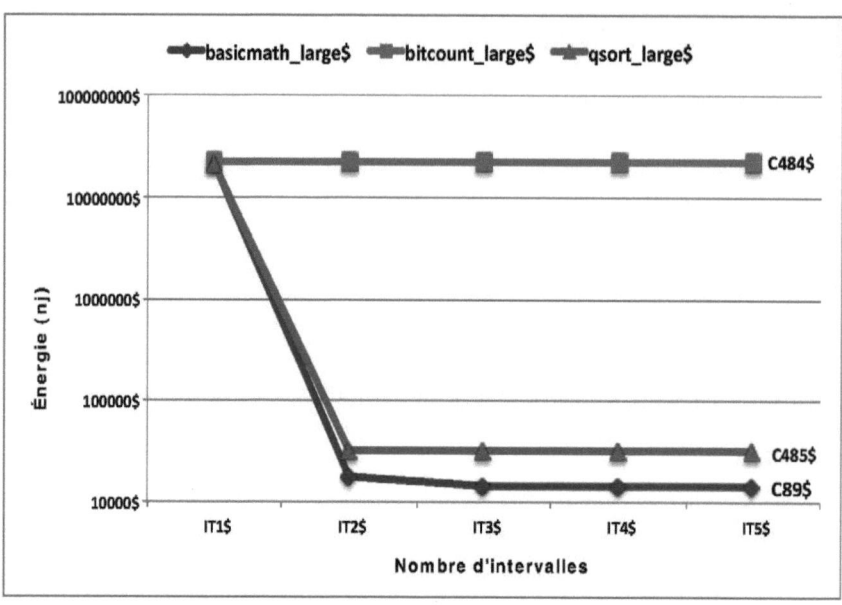

Figure 6.2. *ICTT*/applications de calculs mathématiques.

Le tableau 6.3 présente les paramètres des caches correspondants à ces configurations.

Meilleure Cfg/App \ Paramètres Cache	S2	S1	L2	L1	A2	A1
C 484/bitcount	64	8	64	64	4	2
C 485/qsort	64	8	64	64	4	4
C 89/basicmath	16	4	64	16	4	4

Tableau 6.3. Exemples de configurations des caches.

Dans ce qui va suivre, nous choisirons l'application *basicmath* comme cas d'étude pour mieux expliquer tous les aspects de l'heuristique *ICTT*.

La figure 6.3, représente l'ensemble des configurations explorées pendant la durée d'exécution de l'heuristique *ICTT* en considérant l'application *basicmath_large*. L'axe des X correspond au nombre de configurations parcourues par l'heuristique. L'axe Y à gauche (la courbe bleue) représente le nombre de cycles nécessaires à l'exécution d'un intervalle, celui se trouvant à droite (la courbe rouge) représente la consommation d'énergie en (nj) de l'application pendant un intervalle d'exécution.

Nous considérons qu'une configuration est optimale si elle réduit l'énergie consommée et le nombre de cycles simultanément. Dans notre cas, les deux objectifs ont la même parité. Ce qui explique que les deux courbes ont la même tracée. Les résultats montrent, qu'à partir de la configuration (C_{324}) l'heuristique commence à explorer une zone intéressante en termes de temps d'exécution et d'énergie. Nous constatons que *ICTT* continue à améliorer les performances jusqu'à arriver à la configuration (C_{485}); où nous avons une légère dégradation des performances (le point C_{161} sur le graphique). Cela peut être expliqué par le fait que l'heuristique autorise cette détérioration des performances afin de diversifier l'espace d'exploration et éviter l'optimum local.

Ensuite *ICTT*, améliore en qualité de solutions (C_{377}) jusqu'à ce qu'elle converge en fin vers la meilleure configuration C_{485}. En moyenne 8 configurations ont été explorées et évaluées par l'heuristique ce qui équivaut à 1% de l'espace d'exploration. Ces résultats affirment que l'heuristique *ICTT* réduit effectivement l'espace d'exploration. D'où l'importance de l'ordre dont lequel les paramètres du cache sont ajustés sur les performances de *ICTT* (comme expliqué au Chapitre 4 : stratégie d'exploration).

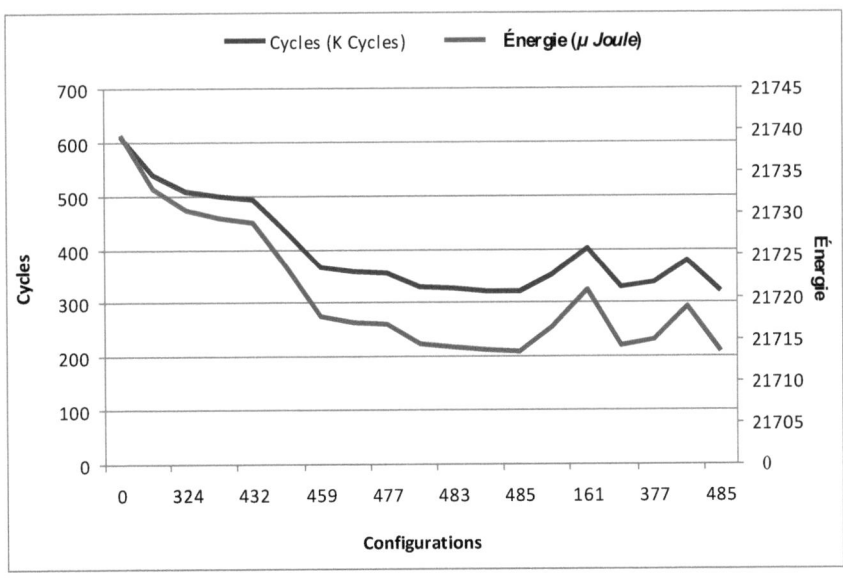

Figure 6.3. Évolution d'ICTT durant un intervalle d'exécution. Nombre de cycles (axe Y à gauche) en K cycles et Énergie (axes-Y à droite) en µJ.

V. Étude comparative entre *ICTT* et la recherche exhaustive (*RE*)

Afin de démontrer l'efficacité de notre approche en termes d'optimisation de la consommation d'énergie et de nombre de cycles dans une architecture *multicores*. Nous avons comparé nos résultats avec l'approche optimale.

Nous avons comparé nos résultats avec la configuration de base (optimale) définie par <64Ko, 8Ko, 64o, 64o, 4, 4> et calculé l'énergie consommée dans le cas d'une recherche exhaustive et l'énergie consommée dans le cas d'une solution trouvée par *ICTT* et ceux-ci pour chaque application.

La figure 6.4 montre la comparaison entre l'heuristique *ICTT* (les barres bleues) et la *RE* (les barres rouges) en utilisant 9 applications différentes. L'axe des X représente les différents benchmarks, et l'axe des Y représente l'énergie consommée.

Nous pouvons constater que dans 60% des cas la solution optimale est trouvée par l'heuristique *ICTT*. Dans uniquement deux cas (*Jpeg-enc, blowfish*), *ICTT* atteint les résultats les plus bas en termes de consommation énergétique.

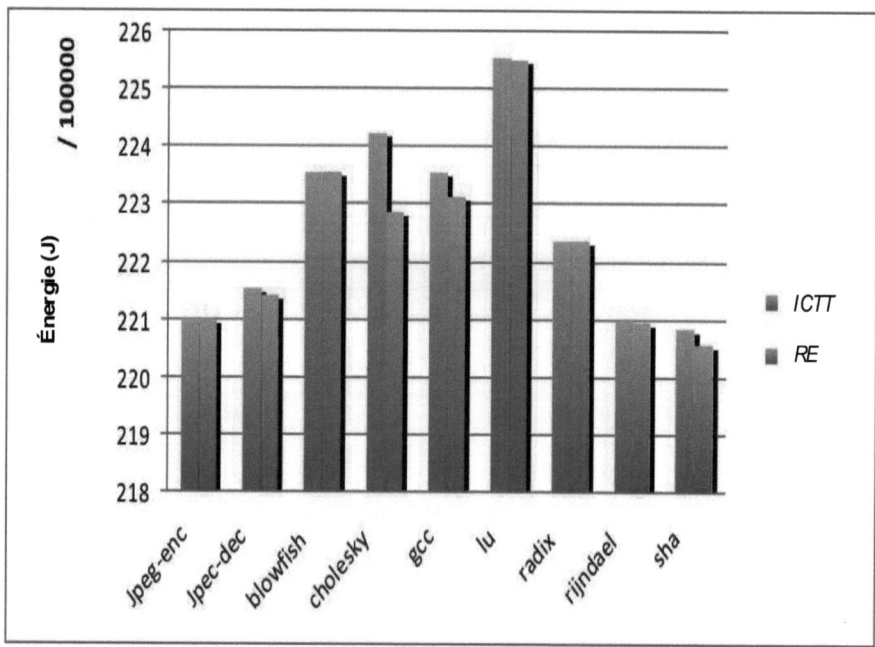

Figure 6.4. Energie (en J/10000) Comparaison: *ICTT* vs. Solution optimale (*RE*).

VI. Conclusion

Les premiers résultats de ce chapitre, ont servi à valider l'architecture matérielle simulée en termes de cohérence de la hiérarchie mémoire.

Dans un second volet, nous avons présenté les résultats de l'heuristique *ICTT* pour résoudre le problème de reconfiguration des caches dans une architecture *multi-cores* par intervalle.

Notons qu'ajouter le paramètre d'intervalle rend la résolution du problème de reconfiguration des caches encore délicat. Vu que nous devons déterminer le bon découpage de l'exécution ce qui dépend étroitement du type d'application. En effet pour valider notre approche nous avons testé 13 benchmarks de la famille *SpecCPU2006* et *MiBench*, deux résultats importants ont été obtenus, résumé comme suit :

- *Réduction de l'espace d'exploration et convergence rapide:* seulement 1% de l'espace de conception est nécessaire pour trouver la meilleure configuration des caches.

- *Optimisation efficace* : un autre résultat enregistré pour l'heuristique, le taux de réussite à trouver l'optimum est estimé à environ 60%.

Chapitre 7
Conclusion et perspectives

« Créer- voilà la grande délivrance de la souffrance, voilà qui rend la vie plus légère »

-De **Friedrich Nietzsche**

Sommaire

Chapitre 7 86
Conclusion et perspectives 86
I. Conclusion 87
II. Perspectives 88

I. Conclusion

Le problème de reconfiguration des caches (*RC*) dans une architecture embarquée à multiprocesseurs est un problème d'optimisations multi-objectives. Les travaux de recherche menés dans ce livre avaient pour but de réduire l'énergie consommée par le système embarqué tout en essayant de minimiser le temps d'exécution totale de l'application embarquée.

Une étude des travaux existants sur la *RC* nous a permis de conclure que la reconfiguration ne peut se faire sans tenir en compte de la dépendance entre les deux niveaux de caches. D'un autre coté la *RC* dépend aussi de la nature de l'application qui s'y exécute dans ce type d'architecture. Donc le comportement des caches et aussi lié au comportement de l'application. Le comportement des programmes étant variable notre but est de doter les caches de la faculté de s'adapter aux besoins de l'application. Ainsi, nous avons défini le problème de la RC comme un système composé d'un ensemble de configurations de caches et d'un ensemble d'intervalles ou chaque intervalle représente un sous-ensemble d'instructions d'une application donnée. Par cette nouvelle notion d'intervalle le comportement des applications embarquées est analysé.

La solution à cette nouvelle formulation du problème est d'affecter à chaque intervalle une configuration optimale en énergie et en nombre de cycles *CPU*. En d'autres termes pour améliorer les performances globales du système, nous sommes amenés à améliorer les performances localement pour chaque intervalle en exécution.

La stratégie que nous avons définie est basée sur *ICTT*. L'heuristique, s'appuie sur l'exploration de l'espace de conception pour déterminer la meilleure configuration pour un intervalle donné. L'espace d'exploration étant énorme nous avons défini un ordre spécifique d'exploration en prenant en compte l'impact des paramètres (taille du cache, taille de ligne et associativité) du cache sur l'énergie.

Nous nous sommes basés sur les travaux de Zhang qui a démontré que les paramètres le plus important sont dans l'ordre la taille du cache, la taille de ligne et l'associativité. Ainsi, le paramètre qui a le plus d'impact sur l'énergie sera éventuellement le paramètre à régler en premier par l'heuristique.

Les résultats ont été positifs, puisque seulement 1% de l'espace de conception est exploré par l'heuristique *ICTT* pour trouver la configuration optimale pour des caches qui est estimé avec un taux de réussite de 60%. Ces résultats ont été validés sur la base de 13 benchmarks de la famille *SpecCPU2006* et *MiBench*.

II. Perspectives

Les résultats trouvés nous ont permis d'avoir d'autres compréhensions du problème de la reconfiguration des caches dans les architectures *multi-cores*.

Le premier constat est que le choix d'un meilleur ensemble d'applications n'est pas une tâche aisée. En effet la nature des applications reste le paramètre qui a le plus d'impact sur les performances d'un système embarqué. D'où l'étude d'architectures dédiées donnerait des résultats plus intéressants.

L'heuristique *ICTT* à donner des résultats intéressants en termes de rapidité d'exploration de l'espace de conception. Il serait intéressant d'appliquer cette heuristique pour le cas d'application à flux continue. Par exemple une lecture d'une vidéo en streaming sur un Smartphone, dans ce type d'application, la vidéo arrive séquence par séquence ce qui correspond à la stratégie que nous suivons c'est à dire nous analysons le comportement de l'application intervalle par intervalle pour répondre au mieux à ses besoins en ressources matérielles. Dans ce cas la taille d'un intervalle va correspondre à la taille d'une séquence.

Enfin la question que nous nous posons et qui pourrait être étudié suite à ce travail, avec l'application de *ICTT* pour le cas d'architectures hétérogènes *multi-cores/multi-caches*. Comment pouvons-nous reconsidérer l'ordre des paramètres des deux caches ? Et comment *ICTT* sera appliquée dans de telles architectures ? Vu que dans une architecture hétérogène le cache de niveau deux (L_2) est privé à chaque *core*. Faut-il régler les caches de façon séquentielle ? C'est à dire appliquée *ICTT* pour le premier *core* ensuite le second etc. Ou d'une façon parallèle ? Où *ICTT* est appliquée pour les *N cores* en même temps.

Annexe

Sommaire

Annexe 89

Annexe A 90

Outils de simulation 90
I. Modes de simulation 90
II. Outils de simulation 91

Annexe B 93

Correspondance entre 93

Multi2Sim/McPAT 93

Annexe C 95

Script de communication entre *Multi2Sim/McPAT* 95

Annexe A
Outils de simulation

I. Modes de simulation

Il existe plusieurs modes de simulation: le mode *fonctionnel*, le mode *détaillé* *et* le mode de simulation par *échantillonnage* (figure A.7).

La simulation fonctionnelle est la plus rapide en termes d'exécution, cependant ne donne aucune information sur les mesures de performances, elle sert uniquement à vérifier la bonne exécution du programme sur l'architecture définit.

La simulation par cycle détaillée permet d'avoir une trace complète de l'exécution du système et donc elle donne plus de précision que toute autre technique de simulation.

La solution compromise entre les deux est la simulation par échantillon. Le processus d'échantillonnage accélère l'exploration de l'espace de conception en réduisant le temps de simulation d'une exécution d'un programme donné. Au lieu de mesurer la performance de l'ensemble du programme en mode simulation détaillée. Le processus d'échantillonnage, comme son nom l'indique, mesure les performances uniquement des extraits choisis. Et donc la performance de l'ensemble du programme est reconstituée à partir des performances mesurées des « échantillons ».

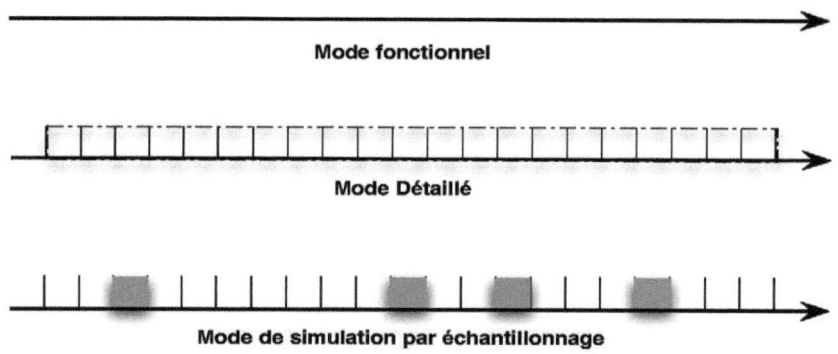

Figure A.7. Différents modes de simulation.

II. Outils de simulation

Le tableau A.1 résume les différents outils de simulation. La première colonne liste les outils. La deuxième colonne résume les modes de simulation.

SimpleScalar 3 (*SS3*) [Austin, T., et all, 02] a été largement utilisé dans les universités et l'industrie pour la simulation de processeur. *SS3* permet en effet, de faire des simulations en mode fonctionnelle et détaillée de la microarchitecture en utilisant des simulateurs comme : *sim-safe* et *sim-fast*.

D'autres plus spécifiques comme le simulateur *sim-cache* permet de paramétrer le sous-système des caches. L'outil contient plusieurs variantes de processeur, telles que les jeux d'instructions *Alpha*, *PISA*, *ARM* et x86.

Techniques	Principe
SimpleScalar [Austin, T., et all, 02]	Monoprocesseur + Simulation fonctionnelle/détaillée
SESC [Ortego, P.M. et all, 04]	Multiprocesseurs + Simulation fonctionnelle/détaillée
M5 [Binkert, N.L., et all, 06]	Multiprocesseurs + Simulation fonctionnelle/détaillée
GEM5 [Binkert, N., et all, 11]	Multiprocesseurs + Simulation fonctionnelle/détaillée
Technique de Rico [Rico et al. 2011]	Multithread/Multiprocesseurs + Simulation fonctionnelle/détaillée
SimPoint [Calder, B. et all 05]	Evaluation par échantillon
Multi2sim [Ubal, R et all, 12]	SoC Homogènes/Hétérogènes (CPU/GPU) + Multithread/Multiprocesseurs + Simulation fonctionnelle/détaillée

Tableau A.1. Récapitulatif sur les techniques de reconfiguration statiques.

Par sa simplicité et sa flexibilité *SS3* a fait sa preuve dans le domaine, cependant son inconvénient est qu'il ne permet pas de simuler les architectures à multiprocesseurs.

SESC [Ortego, P.M. et all, 04], *M5* [Binkert, N.L., et all, 06] *et GEMS* [Binkert, N., et all, 11] font également de la simulation fonctionnelle et détaillée pour les architectures à multiprocesseurs.

[Rico et al. 2011] ont proposé une plate-forme de simulation prenant en charge les applications multithread, où le parallélisme est géré par une technique d'ordonnancement des différents threads.

SimPoint [Calder, B. et all 05] est un très bon outil pour faire la simulation en mode échantillonnage. L'outil permet de choisir les extraits à faire évaluer, ensuite tente de reconstituer la performance totale du système à partir de ces extraits.

Multi2Sim [Ubal, R et all, 12] est une plate-forme de simulation pour des architectures homogènes/hétérogènes, multithread/multiprocesseurs sur puce. Cet outil permet une définition simple et paramétrable de l'architecture *MPSoC*.

Annexe B
Correspondance entre Multi2Sim/McPAT

McPAT		Multi2Sim	
Composants XML	Statistiques	Section	Statistiques
system	total_cycles	Global	Cycles
	busy_cycles	Global	Cycles
system.core0	total_instructions	c0	Dispatch.Total
	int_instructions	c0	Dispatch.Integer
	fp_instructions	c0	Dispatch.Floating Point
	branch_instructions	c0	Dispatch.Ctrl
	branch_mispredictions	c0	Commit.Mispred
	load_instructions	c0	Dispatch.Uop.load
	store_instructions	c0	Dispatch.Uop.store
	committed_instructions	c0	Commit.Total
	committed_int_instructions	c0	Commit.Integer
	committed_fp_instructions	c0	Commit.Floating Point
	pipeline_duty_cycle	c0	Commit.DutyCycle
	ROB_reads	c0(t0)	ROB.Reads
	ROB_writes	c0(t0)	ROB.Writes
	Rename_reads	c0t0	RAT.Reads
	Rename_writes	c0t0	RAT.Writes
	Inst_window_reads	c0(t0)	IQ.Reads
	inst_window_writes	c0(t0)	IQ.Writes
	inst_window_wakeup_accesses	c0(t0)	IQ.WakeupAccesses
	Int_regfile_reads	c0(t0)	
	Int_regfile_writes	c0	
	function calls	c0	
	contextswitches	c0	
	ialuaccesses	c0	

		fpuaccesses mulaccesses	c0	RF.Reads RF.Writes Dispatch.Uop.call Dispatch.WndSwitch Issue.SimpleInteger Issue.FloatingPoint Issue.ComplexInteger
system.core0.BTB		readaccesses writeaccesses	c0(t0) c0(t0)	BTB.Reads BTB.Writes
system.core0.itlb		total accesses total misses conflicts	itlb.0.0 itlb.0.0 itlb.0.0	Accesses Misses Evictions
system.core0.icache		readaccesses read misses conflicts	il1-0 il1-0 il1-0	Reads ReadMisses Evictions
system.core0.dtlb		total accesses total misses conflicts	dtlb.0.0 dtlb.0.0 dtlb.0.0	Accesses Misses Evictions
system.core0.dcache		readaccesses writeaccesses read misses write misses conflicts	dl1-0 dl1-0 dl1-0 dl1-0 dl1-0	Reads Writes ReadMisses WriteMisses Evictions

Tableau B.1. Correspondance entre *Multi2Sim/McPAT*

Annexe C
Script de Communication
Entre Multi2Sim/McPAT

```
IN_M2S=$1
IN_XML=$2
OUT_XML=$3
OUT_TEMP="tmp.xml"

#
# Global
#

m2s_data=$(grep -m 1 "Cycles"   $IN_M2S|sed"s;Cycles = \(.*\);\1;")
cp $OUT_XML $OUT_TEMP
sed"s;\(.*\)total_cycles\"\(.*\)\"\(.*\)\"\(.*\);\1total_cycles\"\2\"$m2s_data\"\
4;"  $IN_XML > $OUT_XML

m2s_data=$(grep -m 1 "Cores"    $IN_M2S| sed"s;Cores = \(.*\);\1;")
cp $OUT_XML $OUT_TEMP
sed"s;\(.*\)\"number_of_cores\"\(.*\)\"\(.*\)\"\(.*\);\1\"number_of_cores\"\2
\"$m2s_data\"\4;"  $OUT_TEMP > $OUT_XML

m2s_data=$(grep -m 1 "Cycles"   $IN_M2S| sed"s;Cycles = \(.*\);\1;")
cp $OUT_XML $OUT_TEMP
sed"s;\(.*\)busy_cycles\"\(.*\)\"\(.*\)\"\(.*\);\1busy_cycles\"\2\"$m2s_data\"\
4;"  $OUT_TEMP > $OUT_XML

#
# c0
#
```

```
m2s_data=$(grep -m 1 "Dispatch.Total"    $IN_M2S| sed"s;Dispatch.Total =
\(.*\);\1;")
cp $OUT_XML $OUT_TEMP
sed"s;\(.*\)total_instructions\"'\(.*\)\'"\(.*\)\'"\(.*\);\1total_instructions\"'\2\'"$
m2s_data\"'\4;" $OUT_TEMP > $OUT_XML

m2s_data=$(grep -m 1 "Dispatch.Integer"    $IN_M2S| sed
"s;Dispatch.Integer = \(.*\);\1;")
cp $OUT_XML $OUT_TEMP
sed"s;\(.*\)int_instructions\"'\(.*\)\'"\(.*\)\'"\(.*\);\1int_instructions\"'\2\'"$m2s
_data\"'\4;" $OUT_TEMP > $OUT_XML

m2s_data=$(grep -m 1 "Dispatch.FloatingPoint"    $IN_M2S| sed
"s;Dispatch.FloatingPoint = \(.*\);\1;")
cp $OUT_XML $OUT_TEMP
sed"s;\(.*\)fp_instructions\"'\(.*\)\'"\(.*\)\'"\(.*\);\1fp_instructions\"'\2\'"$m2s_
data\"'\4;" $OUT_TEMP > $OUT_XML

m2s_data=$(grep -m 1 "Dispatch.Uop.load"    $IN_M2S|
sed"s;Dispatch.Uop.load = \(.*\);\1;")
cp $OUT_XML $OUT_TEMP
sed"s;\(.*\)load_instructions\"'\(.*\)\'"\(.*\)\'"\(.*\);\1load_instructions\"'\2\'"$
m2s_data\"'\4;" $OUT_TEMP > $OUT_XML

m2s_data=$(grep -m 1 "Dispatch.Uop.store"    $IN_M2S|
sed"s;Dispatch.Uop.store = \(.*\);\1;")
cp $OUT_XML $OUT_TEMP
sed"s;\(.*\)store_instructions\"'\(.*\)\'"\(.*\)\'"\(.*\);\1store_instructions\"'\2\'"
$m2s_data\"'\4;" $OUT_TEMP > $OUT_XML

m2s_data=$(grep -m 1 "Commit.Total"    $IN_M2S| sed"s;Commit.Total =
\(.*\);\1;")
cp $OUT_XML $OUT_TEMP
sed"s;\(.*\)committed_instructions\"'\(.*\)\'"\(.*\)\'"\(.*\);\1committed_instruc
tions\"'\2\'"$m2s_data\"'\4;" $OUT_TEMP > $OUT_XML

m2s_data=$(grep -m 1 "Commit.Integer"    $IN_M2S|
```

```
sed"s;Commit.Integer = \(.*\);\1;")
cp $OUT_XML $OUT_TEMP
sed"s;\(.*\)committed_int_instructions\"\(.*\)\"\(.*\)\"\(.*\);\1committed_int
_instructions\"\2\"$m2s_data\"\4;" $OUT_TEMP > $OUT_XML


m2s_data=$(grep -m 1 "Commit.FloatingPoint"  $IN_M2S|
sed"s;Commit.FloatingPoint = \(.*\);\1;")
cp $OUT_XML $OUT_TEMP
sed"s;\(.*\)committed_fp_instructions\"\(.*\)\"\(.*\)\"\(.*\);\1committed_fp_
instructions\"\2\"$m2s_data\"\4;" $OUT_TEMP > $OUT_XML

#
# il1-0
#

m2s_data=$(grep -A 30  "il1-0" $IN_M2S|grep ^Reads| sed  "s;\(.*\)Reads
= \(.*\);\2;")
awk -vtoto=$m2s_data -f filtre.awk $OUT_TEMP> $OUT_XML

m2s_data=$(grep -A 42 "il1-0"   $IN_M2S| grep  ^ReadMisses  |
sed"s;\(.*\)ReadMisses = \(.*\);\2;")
cp $OUT_XML $OUT_TEMP
awk -vtoto1=$m2s_data -f filtre0.awk $OUT_TEMP> $OUT_XML

#
# dl1-0
#

m2s_data=$(grep -A 42 "dl1-0"   $IN_M2S| grep  ^Reads  |
sed"s;\(.*\)Reads = \(.*\);\2;")
cp $OUT_XML $OUT_TEMP
awk -vtoto=$m2s_data -f filtre2.awk $OUT_TEMP> $OUT_XML

m2s_data=$(grep -A 42 "dl1-0"   $IN_M2S| grep ^Writes  |
sed"s;\(.*\)Writes = \(.*\);\2;")
cp $OUT_XML $OUT_TEMP
awk -vtoto=$m2s_data -f filtre3.awk $OUT_TEMP> $OUT_XML
```

```
m2s_data=$(grep -A 42 "dl1-0" $IN_M2S| grep ^ReadMisses |
sed"s;\(.*\)ReadMisses = \(.*\);\2;")
cp $OUT_XML $OUT_TEMP
awk -vtoto=$m2s_data -f filtre4.awk $OUT_TEMP> $OUT_XML

m2s_data=$(grep -A 42 "dl1-0"  $IN_M2S| grep  ^WriteMisses |
sed"s;\(.*\)WriteMisses = \(.*\);\2;")
cp $OUT_XML $OUT_TEMP
awk -vtoto=$m2s_data -f filtre5.awk $OUT_TEMP> $OUT_XML

#
# l2
#

m2s_data=$(grep -A 42 "l2"  $IN_M2S| grep  ^Reads | sed"s;\(.*\)Reads =
\(.*\);\2;")
cp $OUT_XML $OUT_TEMP
awk -vtoto=$m2s_data -f filtre15.awk $OUT_TEMP> $OUT_XML

m2s_data=$(grep -A 42 "l2"  $IN_M2S| grep  ^Writes | sed"s;\(.*\)Writes =
\(.*\);\2;")
cp $OUT_XML $OUT_TEMP
awk -vtoto=$m2s_data -f filtre16.awk $OUT_TEMP> $OUT_XML

m2s_data=$(grep -A 42 "l2"  $IN_M2S| grep  ^ReadMisses |
sed"s;\(.*\)ReadMisses = \(.*\);\2;")
cp $OUT_XML $OUT_TEMP
awk -vtoto=$m2s_data -f filtre17.awk $OUT_TEMP> $OUT_XML

m2s_data=$(grep -A 42 "l2"  $IN_M2S| grep  ^WriteMisses |
sed"s;\(.*\)WriteMisses = \(.*\);\2;")
cp $OUT_XML $OUT_TEMP
awk -vtoto=$m2s_data -f filtre18.awk $OUT_TEMP> $OUT_XML

#
# mm
#
```

```
m2s_data=$(grep -A 42 "mm"    $IN_M2S| grep ^Accesses |
sed"s;\(.*\)Accesses = \(.*\);\2;")
cp $OUT_XML $OUT_TEMP
awk -vtoto=$m2s_data -f filtre20.awk $OUT_TEMP> $OUT_XML


m2s_data=$(grep -A 42 "mm"    $IN_M2S| grep ^Reads  | sed"s;\(.*\)Reads
= \(.*\);\2;")
cp $OUT_XML $OUT_TEMP
awk -vtoto=$m2s_data -f filtre21.awk $OUT_TEMP> $OUT_XML


m2s_data=$(grep -A 42 "mm"    $IN_M2S| grep ^Writes  | sed"s;\(.*\)Writes
= \(.*\);\2;")
cp $OUT_XML $OUT_TEMP
awk -vtoto=$m2s_data -f filtre22.awk $OUT_TEMP> $OUT_XML
```

Bibliographie

[1]   http://www.spec.org/cpu2006/

[2]   http://www.7-cpu.com/

[3]   http://www.forrester.com/

[4]   https://www.globalwebindex.net/

[Alipour, M., 12] Alipour, M., Khorramshahi, B.A., Karimi, F., Mirzaei, Z., Vaghari, A., 2012. Evaluating thread level parallelism based on optimum cache architecture, in: 2012 IEEE Symposium on Computer Applications and Industrial Electronics (ISCAIE). Presented at the 2012 IEEE Symposium on Computer Applications and Industrial Electronics (ISCAIE), pp. 48–53.

[Albonesi, D.H., 00] D.H. Albonesi, Selective cache ways on-demand cache ressource allocation, Journal of Instruction LevelParallelism, May 2000.

[Austin, T., et all, 02] Austin, T., Larson, E., Ernst, D., 2002. SimpleScalar: an infrastructure for computer system modeling. Computer 35, 59–67.

[Balasubramonian, R. et all, 00] Balasubramonian, R., Albonesi, D., Buyuktosunoglu,A., Dwarkadas, S., 2000. Memory hierarchy reconfiguration for energy and performance in general-purpose processor architectures, in: Proceedings of the 33rd Annual ACM/IEEE International Symposium on Microarchitecture, MICRO 33. ACM, New York, NY, USA, pp. 245–257.

[Bengueddach, A. et all, 13] Bengueddach, A., Senouci, B., Niar, S., Beldjilali, B., 2013. Two-level caches tuning technique for energy consumption in reconfigurable embedded MPSoC. Journal of Systems Architecture 59, 656–666.

[Binkert, N.L., et all, 06] Binkert, N.L., Dreslinski, R.G., Hsu, L.R., Lim, K.T., Saidi, A.G., Reinhardt, S.K., 2006. The M5 Simulator: Modeling Networked Systems. IEEE Micro 26, 52–60.

[Binkert, N., et all, 11] Binkert, N., Beckmann, B., Black, G., Reinhardt, S.K., Saidi, A., Basu, A., Hestness, J., Hower, D.R., Krishna, T., Sardashti, S., Sen, R., Sewell, K., Shoaib, M., Vaish, N., Hill, M.D., Wood, D.A., 2011. The gem5 simulator. SIGARCH Comput. Archit. News 39, 1–7.

[Calder, B. et all 05] Calder, B., Sherwood, T., Hamerly, G., Perelman, E., n.d. SimPoint: Picking Representative Samples to Guide Simulation.

[Courtay, 08] Courtay, A., 2008. Consommation d'énergie dans les interconnexions sur puce: Estimation de haut niveau et optimisations architecturales. Université de Bretagne Sud.

[Devaux, L., 11] Devaux, L., 2011. Flexible Interconnection Networks for Dynamically Reconfigurable Architectures.

[Duesterwald, E et all, 03] Duesterwald, E., Cascaval, C., And Dwarkadas, S. 2003. Characterizing and predicting program behavior and its variability.In Proceedings of the 12th International Conference on Parallel Architectures and Compilation Techniques. IEEE, Washington, DC, 220–231.

[Dhodapkar, A., et all, 03] Dhodapkar, A. S.And Smith, J. E. 2003. Comparing program phase detection techniques. In Proceedings of the International Symposium on Microarchitecture. IEEE, Washington, DC, 217.

[Duan, L.T. et all, 13] Duan, Lin-Tao, Bing Guo, Yan Shen, Yi Wang, and Wen-Li Zhang. 2013. "Energy Analysis and Prediction for Applications on Smartphones." Journal of Systems

Architecture.
doi:10.1016/j.sysarc.2013.08.011.http://www.sciencedirect.co
m/science/article/pii/S1383762113001598.

[Guthaus, M.R. et all, 01] Guthaus, M.R., Ringenberg, J.S., Ernst, D., Austin, T.M., Mudge, T., Brown, R.B., 2001. MiBench: A free, commercially representative embedded benchmark suite, in: Proceedings of the Workload Characterization, 2001. WWC-4. 2001 IEEE International Workshop, WWC '01. IEEE Computer Society, Washington, DC, USA, pp. 3–14.

[Gordon-Ross, A. et all, 04] Gordon-Ross, A., Vahid,F., Dutt,N., 2004. Automatic tuning of two-level caches to embedded applications, in: Design, Automation and Test in Europe Conference and Exhibition, 2004. Proceedings. Presented at the Design, Automation and Test in Europe Conference and Exhibition, 2004. Proceedings, pp. 208–213 Vol.1.

[Grâce, E., 10] Grâce, E., 2010. Hiérarchie mémoire reconfigurable faible consommation pour systèmes enfouis. Université Rennes 1.

[Ghaffari, F., 06] Ghaffari, F., 2006. Partitionnement en ligne d'applications flots de données pour des architectures temps réel auto-adaptatives. Université de Nice Sophia-Antipolis.

[Gordon-Ross, A.et all, 07] Gordon-Ross, A., Vahid, F., 2007. A self-tuning configurable cache, in: Proceedings of the 44th Annual Design Automation Conference, DAC '07. ACM, New York, NY, USA, pp. 234–237.

[Heirman, W. et all, 12] Heirman, W., Sarkar, S., Carlson, T.E., Hur, I., Eeckhout, L., 2012. Power-aware *multi-core* simulation for early design stage Hardware/software co-optimization, in: Proceedings of the 21st International Conference on Parallel Architectures and Compilation Techniques, PACT '12. ACM, New York, NY, USA, pp. 3–12.

[Huang, M.,et all, 03] Huang, M., Renau, J., And Torrellas, J. 2003. Positional adaptation of processors: Application to energy reduction. In Proceedings of the 30th Anual International Symposium on Computer Architecture. ACM,New York, NY, 157–168.

[Huang, C. et all, 08] Huang, C., Sheldon, D., Vahid, F., 2008. Dynamic tuning of configurable architectures: the AWW online algorithm, in: Proceedings of the 6th IEEE/ACM/IFIP International Conference on Hardware/Software Codesign and System Synthesis, CODES+ISSS '08. ACM, New York, NY, USA, pp. 97–102.

[Li, S., et all, 13] Li, S., Ahn, J.H., Strong, R.D., Brockman, J.B., Tullsen, D.M., Jouppi, N.P., 2013. The McPAT Framework for Multicore and Manycore Architectures: Simultaneously Modeling Power, Area, and Timing. ACM Trans. Archit. Code Optim. 10, 5:1–5:29.

[Lau, J., et all, 06] Lau, J., Perelman, E., And Calder, B. 2006. Selecting software phase markers with code structure analysis. In Proceedings of the International Symposium on Code Generation and Optimization. IEEE, Washington, DC, 135–146.

[Ortego, P.M. et all, 04] Ortego, P.M., Sack, P., 2004. SESC: SuperESCalar Simulator.

[Palesi, M.,02] M. Palesi, T. Givargis, Multi-objective design space exploration using genetic algorithms, International Workshop on HW/SW Codesign, May 2002.

[Pathak, A. et all, 12] Pathak, A., Hu, Y.C., Zhang, M., 2012. Where is the energy spent inside my app?: fine grained energy accounting on smartphones with Eprof, in: Proceedings of the 7th ACM European Conference on Computer Systems, EuroSys '12. ACM, New York, NY, USA, pp. 29–42.

[Rawlins, M.et all, 11] M. Rawlins, A. Gordon-Ross, CPACT – The conditional parameter adjustment cache tuner for dual-core architectures, ICCD 2011, 396–403.

[Ranganathan, P. et all, 00] Ranganathan, P., Adve, S., Jouppi, N.P., 2000. Reconfigurable caches and their application to media processing, in: Proceedings of the 27th International Symposium on Computer Architecture, 2000. Presented at the Proceedings of the 27th International Symposium on Computer Architecture, 2000, pp. 214–224.

[Rico, A, et all, 11] Rico, A., Duran, A., Cabarcas, F., Etsion, Y., Ramirez, A., Valero, M., 2011. Trace-driven simulation of multithreaded applications, in: 2011 IEEE International Symposium on Performance Analysis of Systems and Software (ISPASS). Presented at the 2011 IEEE International Symposium on Performance Analysis of Systems and Software (ISPASS), pp. 87–96.

[Rawlins, M.et all, 12] M. Rawlins and A. Gordon-Ross. An application classification guided cache tuning heuristic for multi-core architectures, ASP-DAC 2012.

[Shivakumar, P., et all, 01] Shivakumar, P., Jouppi, N.P., Shivakumar, P., 2001. CACTI 3.0: An Integrated Cache Timing, Power, and Area Model.

[Silva-Filho,A.G. et all, 06] A.G. Silva-Filho, F.R. Cordeiro, R.E. Sant Anna, M.E. Lima, Heuristic for two-levelcache hierarchy exploration considering energy consumption and performance, PATMOS 2006, LNCS 4148, 2006, pp. 75–83.

[Spanberger, A., 02] Spanberger, A., 2002. Designing a Dynamically Reconfigurable Cache for High Performance and Low Power.

[Stallings, W., 03] Stallings, W., 2003. Organisation et architecture de l'ordinateur. Pearson Education, Paris.

[Strandh, R.,etall, 05] Strandh, R., Durand, I., 2005. Architecture de l'ordinateur: porteslogiques, circuits combinatoires, arithmétiquebinaire, circuits séquentielsetmémoires. Exempled'architecture. Dunod, Paris.

[Shen, X., et All, 04] Shen, X.,Zhong, Y., And Ding, C. 2004. Locality phase prediction.In Proceedings of the 11th International Conference on Architectural Support for Programming Languages and Operating Systens. ACM, New York, NY, 165–176.

[T. Givargis et all, 02] T. Givargis, F. Vahid, 2002, Platune: a tuning framework for system-on-a-chip platforms, IEEE Transactions on Computer-Aided Design 21 (2002) 1–11.

[T Sherwood et all, 03] T Sherwood, Perelman, E, Hamerly, G, Sair, S, Calder, B, 2003. Discovering and exploiting program phases, in: Micro, IEEE. p. pp.84,93.

[Ubal, R. et all, 07] Ubal, R., Sahuquillo, J., Petit, S., Lopez, P., 2007. Multi2Sim: A Simulation Framework to Evaluate Multicore-Multithreaded Processors, in: 19th International Symposium on Computer Architecture and High Performance Computing, 2007. SBAC-PAD 2007. Presented at the 19th International Symposium on Computer Architecture and High Performance Computing, 2007. SBAC-PAD 2007, pp. 62–68.

[Ubal, R et all, 12] Ubal, R., Jang, B., Mistry, P., Schaa, D., Kaeli, D., 2012. Multi2Sim: a simulation framework for *CPU-GPU* computing, in: Proceedings of the 21st International Conference on Parallel Architectures and Compilation Techniques, PACT '12. ACM, New York, NY, USA, pp. 335–344.

[Wang, W. et all, 13] Wang, W., Mishra, P., Ranka, S., 2013. Dynamic Cache Reconfiguration in Real-Time Systems, in: Dynamic Reconfiguration in Real-Time Systems, Embedded Systems.

Springer New York, pp. 23–61.

[Wang, W. et all, 11] W. Wang, P. Mishra, S. Ranka, Dynamic cache reconfiguration and partitioningfor energy optimization in real-time multicore systems DAC 2011, June 5–10,2011, San Diego, California, USA, 2011.

[Zhang, C. et all, 03] Zhang, C., Vahid, F., Najjar, W., 2003. A highly configurable cache architecture for embedded systems, in: 30th Annual International Symposium on Computer Architecture, 2003. Proceedings. Presented at the 30th Annual International Symposium on Computer Architecture, 2003. Proceedings, pp. 136–146.

[Zang, W. et all, 13] Zang, W., Gordon-Ross, A., 2013.A survey on cache tuning from a power/energy perspective. ACM Comput. Surv. 45, 32:1–32:49.

[Zhang, C. et all, 03] Zhang, C., Vahid, F., 2003. Cache configuration exploration on prototyping platforms, in: 14th IEEE International Workshop on Rapid Systems Prototyping, 2003. Proceedings. Presented at the 14th IEEE International Workshop on Rapid Systems Prototyping, 2003. Proceedings, pp. 164–170.

[Zhang, C. et all, 04] Zhang,C., Vahid, F., Lysecky, R., 2004. A self-tuning cache architecture for embedded systems. ACM Trans. Embed. Comput. Syst. 3, 407–425.

[Zang, W., 13] Zang, W., Gordon-Ross, A., 2013. T-SPaCS amp;A Two-Level Single-Pass Cache Simulation Methodology. IEEE Transactions on Computers 62, 390–403.

I want morebooks!

Buy your books fast and straightforward online - at one of the world's fastest growing online book stores! Environmentally sound due to Print-on-Demand technologies.

Buy your books online at
www.get-morebooks.com

Achetez vos livres en ligne, vite et bien, sur l'une des librairies en ligne les plus performantes au monde!
En protégeant nos ressources et notre environnement grâce à l'impression à la demande.

La librairie en ligne pour acheter plus vite
www.morebooks.fr

SIA OmniScriptum Publishing
Brivibas gatve 197
LV-103 9 Riga, Latvia
Telefax: +371 68620455

info@omniscriptum.com
www.omniscriptum.com

Printed by Books on Demand GmbH, Norderstedt / Germany